埼玉カフェ時間

こだわりのお店案内

Saitama Cafe time

オフィスクーミン 著

Mates-Publishing

CONTENTS

古き良き古民家カフェの風情を愉しむ ■■■■■■■ …7

とっておきに出合える こだわりのカフェ ●●●●●●●●●●29

心にのこる あのカフェたち ◆◆◆◇◆◆ ・・・・・・・・・106

県央エリア
❶ CAFE THE GARDEN（P48）
❷ Cafe Dhigu（P52）
❸ NOG COFFEE ROASTERS伊奈町（P54）

利根エリア
❶ Coffee & Re（P76）
❷ café loup AZ（P80）
❸ Book cafe and Bakery 晴れのち晴れ（P82）
❹ ffee & co. coffee shop（P120）
❺ 食堂カフェ Laugh（P122）

東エリア
❶ embrace cafe（P56）
❷ カフェ ミカン（P58）
❸ おむすび、ときどき喫茶 文治（P60）
❹ 市と喫食 hitoha（P62）

南エリア
❶ 古民家カフェ ならのき（P14）
❷ BRUNSWICK KITCHEN & COFFEE（P44）
❸ ToiToiToi cafe ～yuzuriha（P46）

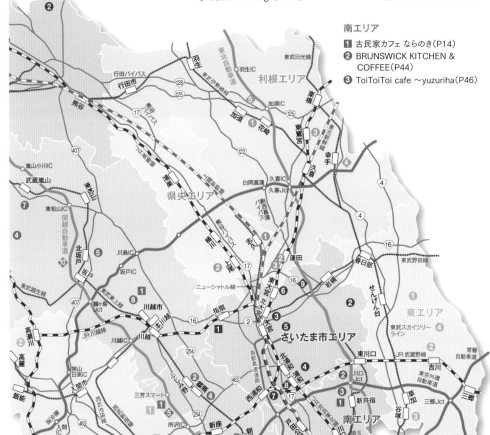

南西エリア
❶ 雑木林の茶屋 縁側日和（P18）
❷ Tumugi（P70）
❸ はっこうちゃん（P72）
❹ Parrucchiere-di-Caffe（P74）
❺ OIMO cafe（P116）

さいたま市エリア
❶ コーヒーと発酵の店 Big Mouse（P12）
❷ 449 CUTLET SANDWICH & COFFEE（P30）
❸ manawa café & gallery（P34）
❹ HORUTA（P36）
❺ 喫茶 湊（P38）
❻ 食堂 シノノメ（P40）
❼ 団地キッチン 田島（P42）
❽ cafe uwaito（P110）
❾ cafe & gallery 温々（P112）

北エリア

1 畑 TO KITCHEN CAFE（P20）
2 Blue Bamboo Farm Gelato&Cafe（P84）
3 SUZUKIYA（P86）
4 キドヤ（P124）

川越比企エリア

1 百足屋（P8）
2 有機野菜食堂 わらしべ（P24）
3 PEOPLE（P27）
4 そのつもり（P92）
5 SUNNY food works（P94）
6 分校カフェ MOZART（P96）
7 咖喱と甘味 ここか（P98）
8 きょうのごはん ゆるりCafe（P100）
9 ギャラリィ＆カフェ 山猫軒（P106）
10 食堂カフェ COUCOU（P114）

秩父エリア

1 小池カフェ（P22）
2 Mahora稲穂山 里カフェ（P88）
3 とっくのまっく（P102）
4 Greenfarm coffee & supply（P104）
5 ジェラテリア HANA（P126）

西エリア

1 納屋茶寮 MEGURU（P16）
2 CAWAZ base（P64）
3 Sai kasumiごはん（P68）
4 Cafe&Bakery 日月堂（P118）

「埼玉・全体MAP」は、全県に点在するカフェの位置を知っていただくための地図です。
そして、各カフェのページにはお店周辺の「目安MAP」を掲載しました。
お店を選ぶとき、実際にカフェを訪れるときにお役立てください。
＊近隣の道路や目印を省略化して表示しています。お出かけの前に、各カフェの正確な場所をご確認ください。

Ⓐエリア
カフェの所在エリアを表示
埼玉県内を10エリアに分類

Ⓑ店名
店名とその読み方を表示

Ⓒおすすめメニュー
カフェのおすすめメニュー
をピックアップ

絶品スイーツと雑貨が魅力の
洗練されたカフェ

HORUTA
オルタ

2020年にオープンした「HORUTA」は、浦和の人気カフェ「cafe uwaito」(P110掲載)の姉妹店。店内は明るく〈木のぬくもりを感じるフェミニンな雰囲気。「衣食住を丁寧に楽しく」をコンセプトに、カウンターの照明やトイレのタイルは海製作家・直井真奈美さんが製作した逸品を、また洋服や雑貨を扱うスペースが併設されているのも、訪れる女性たちに朗報だ。さらに、季節のフルーツをふんだんに使ったパフェやケーキなど、とくに限定メニューは、それを目当てに何度も足を運ぶ人も多いという。

おいしい食事やスイーツだけでなく、素敵な服や雑貨もあるこのカフェでは、楽しみや癒しをたくさんもらえそう。

Ⓓ外観
目印になる
「カフェ外観」を掲載

Ⓘfrom Cafe
お店の人に聞かないとわからない情報、おすすめポイントなど、カフェからあなたへのメッセージを掲載

ヒ）（1100円）ほか、ドリンク付で148円）。2.好きなスイーツ　3プレートにして注文できるのも、スイーツ好きにはたまらない嬉しい気のフルーツをたっぷり使った「桃のロールケーキ」(660円)と「桃のサンデー」(990円)。3.春秋にはテラス席でくつろげのもいい。

TEL. 非公開
さいたま市緑区原山1-6-3
【営業時間】11:00〜16:00
(インスタで確認)
【定休日】水曜・木曜　(不定休あり　インスタで確認)
【席数】24席
【アクセス】①北浦和駅①東口より⑤国際興業バス②①、②4・②02・⑤09③系統「原山三丁目」または「北原山」下車徒歩1分
【駐車場】可 (インスタで⑥)
【基本】無し (近隣にコインパーキング有)
【Instagram】@horuta_urawa

おすすめメニュー

● (〜14:00)
オムライス 1155円・
ドリンク付 1540円
● 季節のパフェ 660円
● 抹茶ティラミス 605円
● のりとろチーズケーキ
605円
● カフェラテ 550円
● 抹茶ラテ 605円
● キッズドリンク 275円

ⒼShop Data
電話番号・住所・営業時間・定休日・
席数・アクセス・駐車場など、基本デー
タを掲載

＊「営業時間」は、基本的にOpen〜Closeまでの時間を掲載しています。

＊定休日は、基本的な休みを掲載しています。

＊年末年始や臨時休業などは含まれていませんので、お出かけ前にご確認ください。

＊「コインパーキング有」は、カフェが所有ではなく、近くに貸し駐車場があるということですのでご了承ください。

＊「臨時休業有」「不定休」などの表示は、インスタ、二次元コードまたはお店にご確認ください。

Ⓕ二次元コード
お店のサイトへアクセスして詳細情報を得られるホームページ、Instagram、Facebookなどを掲載

Ⓔ目安MAP
カフェ近辺の
MAPを掲載

Ⓗアイコン
お店の特徴を示すアイコンを掲載。充実やこだわりの項目は、下記のカラー表示に

🍴 LUNCH　ランチタイム、ランチ限定メニューがある

🐾 PET　ペット同伴来店が可能

💳 CARD　クレジットカード利用可能(種類は店舗確認)

📱電子マネー/スマホ決済(Pay)　交通系やEdyなどの電子マネー、paypayなどのスマホ決済が可能(種類は店舗確認)

🛍 TAKEOUT　持ち帰り可能なメニューがある

📶 WiFi　WiFi接続が可能

※本書の掲載内容は、2023年9月末現在のものです。

※基本データやメニュー内容および価格が変更されることがありますので、お出かけ前にご確認ください。

37　36

古き良き
古民家カフェの
風情を愉しむ

賑やかな「蔵造りの町並み」から一本外れた川越街道（江戸街道）に、威風堂々佇む「百足屋」。糸や組紐販売、鰹節問屋として約380年前の江戸時代に創業、現在の場所で平成9年まで商いを営んでいたという。

その「百足屋」が、屋根瓦も含み外観、室内の梁や柱、家具や建具などに至るまで、明治・大正・昭和・平成・令和と連綿と続く歴史的建造物の佇まいをそのままに残し、2021年にカフェとしてオープンした。

川越蔵造りの町屋の風情を伝える空間では、河越抹茶や河越紅茶をはじめ、老舗「紋蔵庵」の季節の上生菓子などのカフェメニューがいただける。また、2日前までに予約すれば川越の老舗割烹「福登美」の会席膳（3500円〜）でちょっと贅沢な昼食を楽しむことができる。時代を超えた蔵カフェの空間で、お茶と歴史的な建物の風情を楽しんだ後、川越散策へ出かけてみてはいかがだろう。

百 足 屋
むかでや

1.川越市有形文化財に指定されている、明治時代建造の「店蔵」　2.文庫蔵の奥には大正時代に増築されたガラスを組み込んだ組子障子が美しい「客間」があり、雪見障子越しに中庭を臨める　3.明治以降建造の座敷「やまぶき」「はつかり」の奥には、文庫蔵の重厚な扉が見える

伝統的建造物・川越蔵造りで時空を超えた空間と和スイーツに癒される

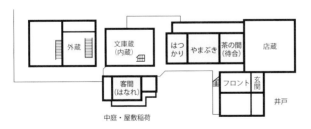

江戸初期1639年に創建された百足屋は、明治26年の「川越大火」後、明治29年に店蔵を、明治41年に文庫蔵（内蔵）、大正14年に客間が建てられた。古の川越蔵造りの生活空間は当時のまま大切に維持・保存されている

4.奥の「客間」や廊下から臨める中庭　5.春と秋には、華やかな花手水が訪れる人を出迎えてくれる（写真:「百足屋」提供）　6.「店蔵」では、川越や埼玉の工芸品などを販売している　7.自身で薄茶を点てていただく「河越抹茶と季節の上生菓子のセット」（1300円）。点て方がわからない場合は、動画を見ながら点てられるので安心

TEL.049-292-0075
川越市松江町2丁目5-11

【営業時間】12:00〜17:00
【定休日】火・水曜
【席数】28席
【アクセス】西武池袋線「本川越駅」から徒歩15分　東武バス「川越06」乗車、「松江町2丁目」下車、徒歩1分
【予約】可（電話または二次元コードから）
【駐車場】無（近隣にコインパーキング有）
【Instagram】@mucadeyacat

【詳細情報】

おすすめメニュー　税込

●百足屋ぜんざい 800円
●古民家風ワッフル 800円
●ケーキ・セット 1200円
●あんこ de アフォガード（抹茶・エスプレッソ）900円
●上生菓子 400円
●冷たいお抹茶 700円
●抹茶ラテ 700円
●河越紅茶 700円
●クリームソーダ（メロン・蔵・やまぶき）800円　など

LUNCH 会席膳・予約のみ　PET　CARD　電子マネー スマホ決済　TAKEOUT　WiFi

お芋の甘露煮や白玉、アイスクリームなど、ボリューミーな「河越クリームあんみつ」（900円　ドリンクセットは1300円）。
ドリンクは、蔵の色をイメージしたクリームソーダ「蔵」（単品800円）を別注文で

荒川サイクリングロード沿い、かつて桃を栽培していた〈桃月園〉の森があり、そこにキャンプ場に併設された古民家カフェ「コーヒーと発酵の店 Big Mouse」。築100年以上前の納屋をリノベーションしたこのカフェでは、埼玉産の減農薬米のご飯と玉ねぎ麹などの自家製発酵調味料を使ったランチ、国産米粉、きび糖を使って作るグルテンフリー（パンケーキ以外）のスイーツ、自家製糀甘酒スムージーなど、体に優しいメニューが用意されている。

「古民家には人を包み込む優しい雰囲気がある」と店長の関さん。古民家の木の温もりのなかで、まったりと癒しの時を過ごすのもいい。

コーヒーと発酵の店
Big Mouse
こーひーとはっこうのみせ ビッグ マウス

3.「本日のケーキ」（500円）は、おすすめドリンク「ミックスベリーの糀甘酒スムージー」（650円）と「榎本牧場のミニジェラード」の「スイーツセット」（1100円）で

1.100年以上経つ建物の雰囲気を壊さないようにリノベーションしたという店内　2.100%ビーフのジューシーな手ごねハンバーグと自家製の発酵調味料を使った副菜が5種つく「ハンバーグプレート（ミネストローネ、ドリンク付）」（1650円）

人を包み込む優しい雰囲気の古民家でおいしいランチとコーヒーでまったり過ごす

おすすめメニュー

税込

- ●ランチ（ミネストローネ付）1100円　1250円
- ●キッズランチ　500円
- ●本日のケーキ（グルテンフリー）500円
- ●スイーツセット（ケーキ or プリン＋ジェラード＋ドリンク）1100円
- ●ドリップコーヒー　550円
- ●キッズドリンク　りんご　みかん200円　など

TEL.070-8476-3986
さいたま市西区西遊馬 3131
桃月園内
【営業時間】10:00〜17:00
土・日8:30〜17:00(季節により変動あり　インスタで確認)
【定休日】不定休（インスタで確認）
【席数】24席
【アクセス】JR埼京線「指扇」南口から徒歩約15分
【予約】不可
【駐車場】20台
【Instagram】@bigmouse_arakawa_sashiog

【詳細情報】

 LUNCH　 PET テラス席のみ　 CARD　 電子マネースマホ決済　 TAKEOUT　 WiFi

古民家カフェ
ならのき
こみんかかふぇ ならのき

季節の移ろいを五感で感じられる古民家で
旬野菜たっぷりの和ランチを楽しむ

【cafeからのお願い】お待ちのお客様が多い場合は、ご利用時間を90分とさせていただきます。ご協力をお願いいたします。

江戸時代・天保14年からこの地に建つ古民家が、屋号を店名として「古民家カフェ ならのき」をオープンした。

店長の大塚さんが21歳まで住んでいた、この建物を一度解体して、できる限り元の形を残して再生。高い天井に何本も組まれた太い梁が、180年の歴史を物語る。

このカフェでいただけるのは、店長のいとこで料理長の西野さんが作る、地元の上根・木曽呂周辺で収穫される農産物を使った和食ベースのランチプレート、そしてあんこから手作りする自家製のスイーツたち。

「古い木造の建物だからこそ、季節を五感で感じる」と大塚さん。季節の移ろいを感じに出かけてみたい。

1.旬の地元の上根野菜を中心に、料理長が野菜本来の味を楽しめるよう調理した「本日のプレートランチ」(限定30食・1300円 ご飯・味噌汁おかわり自由)。この日の献立は、ならのきオリジナル・ハンバーグをメインに、野菜たっぷりの副菜、茶碗蒸し、えのきご飯と味噌汁。食後は、+200円で「焙煎コーヒー」を楽しむのもいい

2.自家製プリン&あんこと季節のフルーツ、ミニどら焼きがトッピングされた「ならのきパフェ」500円。+200円で和ハーブ(350円)をセットに　3.手洗いの壁には、深い青色が美しい明治時代の<不二見焼きのタイル>をそのまま使っている

TEL.048-299-2120

川口市安行領根岸3052

【営業時間】11:00〜17:00
【定休日】月〜水曜
【席数】20席
【アクセス】JR「川口」東口からタクシー約20分、または国際興業バス「川05・川19・川20・川23」乗車、「上根橋」下車、徒歩約2分
【予約】可(ランチのみ)
【駐車場】無(近隣にコインパーキング有)
【Instagram】@naranoki3

【詳細情報】

おすすめメニュー　税込

●昔なつかしナポリタン 800円
●ソース焼きうどん 800円
●あんみつ 400円
●焙煎コーヒー 350円
●リンゴジュース 300円
など

 LUNCH PET CARD 電子マネー スマホ決済 TAKEOUT WiFi

東京ドーム約4個分の敷地を持つ三富今昔村（さんとめこんじゃくむら）の一角に、2022年《土からの循環を『食』を通して巡る》をコンセプトにした「納屋茶寮MEGURU」がオープンした。

地元の農家が暮らしていた納屋をリノベーションしたカフェのランチは「月替りのお昼の献立」1種類のみ。丁寧にとった出汁、発酵を取り入れ、無農薬・無化学肥料で栽培した自社農園と地元農家の野菜たっぷりの二十四節気を感じる、体に優しい料理をいただくことができる。

暮らしの息遣いが感じられる空間で、日本人が大切にしてきた昔ながらの食を、体感してみてはいかが。

from cafe

三富今昔村には里山や自社農園などがあり、年間を通して体験プログラムやワークショップ、自然観察ツアーなどを開催。自然や食育などを体感しにお越しくださいね（詳細は二次元コードで確認）

納屋茶寮
MEGURU
なやさりょう メグル

1. たっぷりの野菜、丁寧にとった出汁で作る二十四節気を感じる「月替わりのお昼の献立」（3300円 ドリンク付 発酵玄米とうどんは選択可）。前菜からご飯と汁物まで順番に提供される。食後のスイーツは＋440円〜　2. ＜午後のお茶の時間＞（14時〜）にいただきたい「自家製発酵あんこの白玉あんみつ」（550円）と月替わりの「自家農園の野菜茶」（770円）　3. 古民具や有機食材、和雑貨などを展示

おすすめメニュー

税込

- ●夜の発酵会席コース（土曜のみ・2営業日前必予約）8,800円〜
- ●特製甘酒プリン 660円
- ●珈琲 660円
- ●自家製米麹から作った甘酒 660円
- ●有機茶葉の和紅茶 660円
- ●有機栽培のにんじんジュース 660円
- ●発酵リンゴジュース 660円　など

【cafeからのお願い】古民具などの展示の関係で12歳未満のお子様のご来店をご遠慮させていただいております

四季を体感できる古民家ランチ
土からの恵みを余すことなく享受し、

TEL.049-257-4433　所沢市下富157-1

【営業時間】11:00〜16:30（ランチ〜15:00　カフェ14:00〜）
土・日・祝11:00〜17:00（土・予約限定17:00〜20:00）
【定休日】月曜・火曜
【席数】24席

【アクセス】＜無料送迎バス＞東武東上線「ふじみ野」、西武新宿線「所沢」から（HP確認）
【予約】可（電話のみ）
【駐車場】20台
【Instagram】@nayasaryo_meguru

納屋茶寮 MEGURU

【詳細情報】

 LUNCH　 PET テラス席のみ　 CARD　Pay 電子マネー スマホ決済　paypayのみ　TAKEOUT

三芳町の「いも街道」にほど近い場所に、元狭山茶の栽培や販売を営んでいたという実家を改装した「雑木林の茶屋　縁側日和」が2022年にオープンした。

店内は、店名にもなっている回り廊下の縁側から雪見障子越しに庭を眺められる座敷と、大きな窓から雑木林の風景が臨める薪ストーブのある和モダン空間。「年月を経てようやく出てくる落ち着きや風情、温かみが古民家にはある」とオーナーの渡辺さん。昭和の風情を感じる卓袱台に座り、オーナーが打つ武蔵野うどんや、厳選された狭山茶のスイーツやお茶をいただくとゆっくりと穏やかな時が流れていくのを感じる。

雑木林の茶屋
縁側日和
ぞうきばやしのちゃや　えんがわびより

1.昔ながらの日本家屋の風情を残す外観。店内に入ると大きな窓越しに武蔵野の雑木林、洗練された和モダンな空間が出迎えてくれる　2.埼玉産地粉と丁寧に石臼で挽いた全粒粉で打ったオーナー手作りの「武蔵野うどん（肉うどん）」（900円）。たっぷりの豚肉とねぎが入った濃い目のつけ汁はコシの強い太麺によく絡んで美味　3.注文ごとにお茶を点てて提供される「狭山冷茶」（500円）と「抹茶プリン」（400円）。どちらも狭山産抹茶を使用

武蔵野の雑木林に囲まれた
回り廊下の縁側と薪ストーブのある古民家カフェ

おすすめメニュー　税込

- ●スパイスカレーライス 1100円
- ●お芋のパウンドケーキ 350円
- ●本日のタルト 400円
- ●狭山抹茶プリン 400円
- ●ハンドドリップコーヒー 500円
- ●狭山抹茶ラテ 500円
- ●お抹茶 500円　など

【cafeからのお願い】事故防止のため、薪ストーブを使用期間中は中学生以下のお客様のご来店をご遠慮させていただいております

TEL.049-258-0400　入間郡三芳町上富 1901-3

【営業時間】11:00〜17:00
【定休日】日曜・月曜・祝日
【席数】22席
【アクセス】東武東上線「ふじみ野」からタクシー約15分、またはライフバス「ふじみ野西口」から「鶴瀬駅西口〜上富経由・ふじみ野駅西口折り返し線」乗車、「多福寺」下車、徒歩約2分
【予約】可（当日の電話予約のみ）
【駐車場】12台
【Instagram】@engawabiyori_tyaya

【詳細情報】

 LUNCH PET CARD Pay 電子マネー スマホ決済 TAKEOUT WiFi

畑 TO KITCHEN CAFE
はたけ ト キッチン カフェ

江戸時代から続く農園の古民家カフェで
体が喜ぶ旬野菜たっぷりランチをいただく

「豊士の里農園」の7代目・オーナーの川田さんが、大正10年に建てられたかつてお蚕の研究施設だった建物をリノベーションし、2021年に「畑 TO KITCHEN CAFE」をオープンさせた。

店名の由来は、「畑＝義兄、KITCHEN＝川田さん＝食育指導士の奥様、CAFE＝川田さん」と家族が担当する役割から。店内では、農園や地元農家の旬の野菜を中心にしたプレートランチ、竈で沸かした湯で入れる酸味の少ないまろやか直焙煎コーヒー、パティシエが作る「季節のケーキ」などがいただける。

曽祖父が建てた築100年の建物が古さを守りながら、人々が集うステキな場所に生まれ変わる…時のつながりの妙を体感させてくれるカフェだ。

1.食育指導士の奥様が作る「ランチ」は、自家農園の有機野菜たっぷりで、さらに肉＆魚料理がつく充実の内容。薪竈で炊くご飯はここでしか食せないご馳走　2.立派な梁や太い柱は創建当時のもの。高い天井は養蚕業を営んでいた頃の名残りとか　3.パティシエが作る、季節のケーキは夏限定「レモンとブルーベリータルト」（695円）と濃くて甘みの強いジャージー牛の「ふわふわみるくコーヒー」（695円）

TEL.070-8594-2301
深谷市成塚231

【営業時間】10:45〜17:00
（ランチ〜14:00 要予約）
【定休日】火〜木曜　第4金曜日
（臨時営業日有 インスタ、二次元コードで確認）
【席数】32席
【アクセス】JR高崎線「深谷」北口からコミュニティバスくるりん「北部定期便」乗車、「成塚」下車、徒歩約5分
【予約】可（ランチおよび金・土夜は予約制　二次元コードから）
【駐車場】10台
【Instagram】@tomu_kawata

【詳細情報】

おすすめメニュー　税込

●農園野菜のランチプレート（ドリンク付）2140円〜
●溶岩石窯焼き PIZZA 1540円
●夜のおばんざいコース（予約・4名〜）6600円
●デザート＆ドリンクセット 1210円〜
●自家焙煎コーヒー 595円
●ハーブティー 695円
●生姜たっぷりの自家製ジンジャエール 695円　など

 LUNCH PET テラス席のみ CARD 電子マネー スマホ決済  TAKEOUT WiFi

大正後期から昭和初期にかけて建てられたモダンな建物が数多く残されている、秩父神社の参道〈番場通り〉に登録有形文化財の〈小池煙草店〉の1階をリノベーションした「小池カフェ」がある。

メニューは、秩父産大豆「借金なし大豆」をベースにした和スイーツ、秩父産オーガニックのお茶、埼玉のお米、秩父の杓子菜や秩父の蔵元の酒粕などを使用した食事など、どれも地産地消の食材を使ったやさしい味わい。

秩父銘仙のタペストリーが飾られた、どこか懐かしいシックな店内でほっこりとした時間が過ごせそうだ。

小池カフェ
こいけかふぇ

from cafe

カフェの2階は、古民家宿泊施設「NIPPONIA秩父門前町」です。「小池煙草店」の床の間や赤い絨毯など、当時のままの大正ロマン・昭和レトロな風情たっぷり。詳細は@ nipponia_chichibuで

MENU

WHISKY
イチローズモルト
ホワイトラベル
¥1000

BEER
秩父産地
ペールエール
¥1000

1.秩父産のごはんのお供「しゃくし菜漬け」と「秩父産梅のしそ漬け」を具にした、埼玉産のお米を使ったおにぎりと秩父の酒蔵の酒粕で作る「おにぎり・粕汁セット」（700円）。秩父産「栃ふさ」で淹れた「煎茶(Ice)」を＋300円でドリンクセットに　2.埼玉県産大豆を使用した「きなこ」をあしらった小池カフェオリジナルの和テイストのティラミス「酒枡きな粉ティラミス」（800円）に横瀬町の「和紅茶」（500円）をセットで　3.秩父銘仙のタペストリーが店内に彩りを添える

登録有形文化財の昭和レトロな空間で、秩父の美味を堪能する

おすすめメニュー 税込

- ●おにぎり（単品）400円
- ●ブロックパウンドケーキ 500円
- ●借金なし大豆きなこアイス 800円
- ●自家焙煎コーヒー 500円
- ●秩父産煎茶 500円
- ●小鹿野産ほうじ茶 500円
- ●きなこラテ 700円
- ●横瀬産和紅茶ラテ 700円
- など

TEL.0494-53-9201 秩父市番場町 17-10

【営業時間】12:00〜16:30
【定休日】月〜金曜
【席数】16席【アクセス】秩父鉄道「御花畑」から徒歩約3分

【予約】不可
【駐車場】無（近隣にコインパーキング有）
【Instagram】@koikecafe

【詳細情報】

LUNCH　PET　CARD　Pay　電子マネー スマホ決済 PayPay のみ　TAKEOUT　WiFi

明治から地域を支え続けた
登録有形文化財「玉成舎」に
地域の人々が集う、母屋と蔵のカフェふたつ

TEL.0493-74-3013（有機野菜食堂 わらしべ）
TEL. 非公開（PEOPLE）
比企郡小川町小川197

【アクセス】東武東上線・JR八高線「小川町」から徒歩約10分
【駐車場】15台（店舗近く）

有機野菜食堂
わらしべ
ゆうきやさいしょくどう わらしべ

歴史ある古民家の風情を体感しながら、天然酵母パンやオーガニックパスタの滋味深いランチをいただく

from cafe

2階にも2つの店舗があります。小川町で創業した、無農薬ブドウを天然酵母、無添加で作ったワインの直売所＜武蔵ワイナリー＞、インドネシアの雑貨＜ぶんぶん堂＞。食事を待つ間、2階に上がって見てくださいね

かつて養蚕技術伝習所、紅絹の染色工場として使われていた明治21年築の登録有形文化財〈玉成舎〉に、2019年同じ小川町から〈玉成舎〉の母屋に移転し、リニューアルオープンした「わらしべ」。

料理やスイーツなどに使われる食材は、地元有機農家の有機野菜や小麦粉、ライ麦のほか、地元養鶏農家の平飼い卵、地元精肉店のお肉など。良質な食材で作る天然酵母パン、オーガニックのパスタを使ったランチは滋味深い味わいだ。

的な建物の中を見て、触れてもらうことで伝統的な建物の維持や歴史を伝えていきたい」と店主の山下さん。歴史ある古民家の風情を体感しながら、ゆったりとした時間を堪能したい。

1. メインのナポリタンに有機野菜サラダ、天然酵母パンの盛り合わせがついた「パスタセット」（1200円）
2. 小川町産有機黒豆の入った「クリームあんみつ」（630円）は、自家製黒蜜をかけていただく。サイフォンで淹れる「有機栽培コーヒー」（420円）と一緒に　3. 座敷席の奥に見えるテラス席から見上げる＜玉成舎＞も風情ある佇まいだ

有機野菜食堂 わらしべ

【営業時間】11:00～20:30　　【予約】可（電話のみ）
【定休日】月曜・火曜　　　　【Instagram】@warashibe1119
【席数】32席

【詳細情報】

おすすめメニュー　 税別

●ランチ
日替わり定食（限定10食）
1000円　お子さまプレート
（小学生以下）750円
●（14時～）自家製パンと
スープのセット 580円
●自家製ジェラード 400円～
●季節のケーキ 420円～
●有機栽培コーヒー（ホット）
420円
●無農薬紅茶（ポット）450円
など

PEOPLE

ピープル

カフェあり、本屋あり、
展示＆イベントあり…
たくさんの楽しみが詰まった、玉成舎の蔵カフェ

from cafe

2階の小さな本屋＜ BOTABOOKS ＞だ
けのご利用も OK です。植物や農などの
ボタニカルの古本を中心に、私たちのお
すすめの新刊や雑誌のお取り扱いもあ
り、購入も可能です。お気に入りの本が
見つかると嬉しいです！

〈玉成舎〉のもう一つのカフェは、大谷石造りの蔵の中にある「PEOPLE」。「外は大谷石、店内は木の温もりが感じられる空間。中と外のギャップを楽しんで」と店主の柳瀬さん。

重厚な扉を開けて店内に入ると、高い天井のスタイリッシュでモダンなカフェスペースが広がる。このカフェでいただけるのは、やはり小川町産有機野菜を中心にした料理。その時の旬の素材を使ったランチは、毎週メニューが変わる。

「本屋と展示などのイベントも行いたい」ということで週末イベント、企画展などを開催、2階には〈BOTABOOKS〉を併設した。さまざまな顔を持つ蔵カフェには、楽しみがたくさん詰まっている。

1.2階にある小さな本屋〈 BOTABOOKS(ボタブックス)〉。コーヒー片手に見本に置かれた本を手に取って見るのもよし、本を買いにくるのもよし 2.「今日はたくさんナスが入ったので…メインはナスとひき肉の丼!」。きゅうりと柿のすだちサラダなどの副菜やスープもつく「PEOPLEランチプレート」(1540円)。ドリンクは小川町の梅を使った「梅ソーダ」(660円) 3.畑の果物や有機野菜で作る〈畑のマフィン〉。この日は「柿のマフィン」(440円)と「PEOPLEブレンドコーヒー」(550円)

PEOPLE

【営業時間】金11:00〜15:00 18:00〜22:00　土11:00〜16:00(月によって変更あり インスタで確認)
【定休日】不定休(インスタで確認)
【席数】17席
【予約】可(インスタで)
【Instagram】@people.jp

【詳細情報】

おすすめメニュー　税込
●日替わりスイーツ 440〜550円
●りんごセッション 550円
●カフェオレ 660円　など

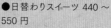

LUNCH　PET　CARD　Pay 電子マネー スマホ決済のみ　paypayのみ　TAKEOUT　WiFi

28

とっておきに
出合える
こだわりのカフェ

アメリカの西海岸のようなカフェで、
老舗のトンカツで作ったサンドイッチを頬張る!

449 CUTLET SANDWICH & COFFEE

ヨンヨンキュー　カツレットサンドウィッチ アンド コーヒー

県道48号線沿いに、2022年オープンした「499 CUTLET SANDWICH & COFFEE」。隣接する老舗とんかつ店「喜久」の常連客に「カツサンドはやらないの？」といわれ、このカフェをオープンした。

自慢のカツサンドは、分厚い豚肉を特注のパン粉をつけて低温のサラダ油でじっくり揚げ、とんかつ屋秘伝のソースをつけてカツに合わせて作ったパンに挟む。「熱々を食べてほしいので、カツは注文後に揚げます。ぜひ、揚げたてカツサンドのおいしさを味わってください」とオーナーの中野さん。

将来は店の一角を作家のアトリエとして活用、地域の交流拠点にするという計画もある。老舗のとんかつの味とポップカルチャーのコラボ…今後が楽しみなカフェだ。

1. 肉だけではなく、パン粉や油にもこだわった「カツサンド」（980円）は、さっぱりした味わいのカツと自家製ソースが美味！ 自家製シロップの「レモネード」（L 480円）と一緒に　2. ふっくらと焼き上がった「マフィン」（380円）には、人気の「ストロベリーフラッペ」（L 650円）を　3. 店内は、ポップカルチャー好きのオーナーらしくポップな雰囲気

TEL.048-798-3449

さいたま市岩槻区末田 2424-3

【営業時間】11:00～18:00
【定休日】火曜
【席数】64席
【アクセス】東武スカイツリーライン「せんげん台」西口からタクシーで約12分　または東武アーバンパークライン「岩槻」東口からタクシーで約14分、朝日自動車バス「岩槻駅東口」から越谷駅西口・しらこばと水上公園」乗車、「巻の上」下車、徒歩約1分
【予約】不可
【駐車場】18台
【Instagram】@449_cutletsandwich_coffee

【詳細情報】

449 CUTLET SANDWICH & COFFEE

おすすめメニュー 税込

● エビカツサンド 980円
● チョコブラウニー 300円
● チョコチップクッキー 150円
● コーヒーM 470円
● キャラメルラテ
　M520円 L550円
● チョコミルク
　M500円 L530円
● レモネード
　M450円 L480円　など

LUNCH　PET　テラス席のみ　CARD　電子マネー スマホ決済　TAKEOUT　WiFi

今も2階に靴磨き職人
「Y'K SHOESHINE」、1階
テラスにチキンオーバー
ライスの「POWWOW」、
敷地内に「画工遊鷹」の
アトリエがあります。こ
れから仲間が増える予
定！ 乞うご期待！

TEL.048-877-2320

さいたま市大宮区高鼻町
3-119-1

【営業時間】11:00〜17:00
【定休日】月曜〜水曜(祝日営業)
【席数】30席
【アクセス】東武アーバンパークライン「北大宮」から徒歩約4分
【予約】不可
【駐車場】3台

おすすめメニュー　税込

●マナワカレー(ミニサラダ付)800円
●タコライス 800円
●シフォンケーキ 500円
●抹茶パフェ 700円
●アフォガード 600円
●マナワ ブレンドコーヒー 500円
●ハワイアン・アイランド・ホットティー 600円〜
など

 LUNCH　 PET テラス席のみ　 CARD　 Pay 電子マネー スマホ決済 paypayのみ　 TAKEOUT　 WiFi

ハワイテイストのカフェで、
四季の移ろいを楽しむ

manawa café & gallery
マナワ カフェ アンド ギャラリー

「家族でいつかカフェをやりたいね」と話していた清水夫妻。その夢が叶って、2020年に氷川神社の裏参道沿いの閑静な住宅街に「manawa café & gallery」をオープンした。

店名はご夫妻の好きなハワイの言葉で「manawa＝季節」から。その名の通り、大宮公園の向かえに建つカフェのテラス席や窓からは、借景となっている公園から春は桜、夏は新緑、秋は紅葉、冬は澄んだ空気の中で輝く風景…と四季の移ろいの便りを届けてくれる。

ここでいただけるのは、ハワイ料理のアレンジメニューや自慢のカレーなど、家庭的な味わいのランチやデザート。アットホームな雰囲気の店内では、いつも楽しそうな話し声が聞こえる。

1.肉厚のハンバーグに目玉焼き、ハワイの定番「ロコモコ」(ポテトサラダ付 800円)。グレービーソースは、ハワイから取り寄せた本場のソースをアレンジしたマナワ風ソース。ハワイ語でパッションフルーツのことを指す「リリコイパッション」(600円)と一緒に 2.ハワイで食べた味を再現したという「マナワ ホットケーキ」(600円)と「カフェラテ」(500円)。卵白をしっかりと泡立てて生地に混ぜ合わせてふっくらふんわりのケーキ 3.入り口を入ってすぐのソファー席は、ハワイをイメージした壁紙が印象的

from cafe

ハワイだけでなく奄美大島も大好きなわがファミリー！2024年夏に奄美大島で海が見えるカフェをオープンすることになりました。奄美大島の自然を満喫しにお越しください。詳細は来店時にスタッフにお尋ねくださいね

TEL. 非公開

さいたま市緑区原山 1-6-3

【営業時間】11:00〜16:00
（インスタで確認）
【定休日】水曜・木曜（不定休
あり　インスタで確認）
【席数】24席
【アクセス】JR「浦和駅」東口か
ら国際興業バス「浦01・浦02・浦
09」乗車、「北原山」下車徒歩1分
【予約】可（インスタで）
【駐車場】無（近隣にコインパー
キング有）
【Instagram】@horuta_urawa

【詳細情報】

おすすめメニュー

税込

●（〜14時）
オムライス 1155 円 ドリンク
付 1540 円
●季節のタルト 660 円
●季節のショートケーキ 605 円
●ほうじ茶のチーズケーキ
605 円
●カフェラテ 550 円
●抹茶ラテ 605 円
●キッズドリンク 275 円
など

 LUNCH　 PET テラス席のみ　 CARD　Pay 電子マネースマホ決済　paypayのみ　 TAKEOUT　 WiFi

絶品スイーツと雑貨が魅力の
洗練されたカフェ

HORUTA
オルタ

2020年にオープンした「HORUTA」は、浦和の人気カフェ「cafe uwaito」（P110掲載）の姉妹店。店内は明るく木のぬくもりを感じるフェミニンな雰囲気。「衣食住を丁寧に楽しく」をコンセプトに、カウンターの照明やトイレのタイルは陶芸作家・直井真奈美さんが製作した逸品を、また洋服や雑貨を扱うスペースが併設されているのも、訪れる女性たちに朗報だ。さらに、季節のフルーツをふんだんに使ったパフェやケーキ、とくに限定メニューは、それを目当てに何度も足を運ぶ人も多いという。

おいしい食事やスイーツだけでなく、素敵な服や雑貨もあるこのカフェでは、楽しみや癒しをたくさんもらえそう。

1.自家製パン付のランチ「キッシュプレート」（1100円）は、ドリンク付で（1485円）
2.旬のフルーツをたっぷり使った「桃のロールケーキ」（660円）と「桃のサンデー」（990円）。好きなスイーツをワンプレートに乗せて注文できるのも、スイーツ好きにはたまらなく嬉しい！　3.春や秋にはテラス席でくつろぐのもいい

季節のフルーツたっぷりのスイーツで、
至高の時を過ごす

喫茶 湊

きっさ　みなと

2019年にオープンして以来、季節のフルーツたっぷりのスイーツを目当てに訪れる人が絶えない「喫茶 湊」。現在では、季節のフルーツを使ったスイーツのラインナップがさらに充実して、定番のロールケーキを含めてタルトやブラマンジェなど、5種が並ぶ。

以前あったランチメニューは無くなったが、さっぱりとした味わいが人気の「特製ハヤシライス」をはじめ、大宮の人気ベーカリー＜ANKH＞のパンを使ったトーストなどの軽食メニューはおすすめ。

大宮駅から駅前大通を散歩がてら歩いた後、おいしいスイーツでほっと一息…そんな素敵な時間を過ごしてみてはいかがだろう。

2.白壁と木目のシンプルでナチュラルな店内

1.平日限定の軽食メニュー「自家製ハヤシライス」（900円）。しっかり炒めた玉ねぎの甘みとトマトベースの酸味がさっぱりとした味わい。食後は、マイルドでコクのあるおすすめのグアテマラの中深煎り「本日のコーヒー」（580円）をアイスで

TEL.050-1530-7931
さいたま市大宮区天沼町 1-81-4
【営業時間】11:30〜17:00
（土・日〜18:00）
【定休日】不定休（インスタで確認）
【席数】11席
【アクセス】JR「大宮駅」東口から徒歩15分　JR「大宮駅」東口から国際興業バス「大01・大02・大04・大10・大12・大15・大81」乗車、「天沼一丁目」下車、徒歩2分
【予約】可（インスタ予約サイトのみ）
【駐車場】無（近隣にコインパーキング有）
【Instagram】@kissa_minato

【詳細情報】

おすすめメニュー　税込

●トースト＆スコーンセット（ジャム付）680 円
●季節のフルーツのタルト800 円〜
●プリン・アラ・モード720 円〜
●コーヒーゼリーサンデー750 円〜
●本日の珈琲 580 円
●カフェオレ 580 円
●狭山の和紅茶 580 円
など

LUNCH　PET　CARD　Pay 電子マネースマホ決済　TAKEOUT　WiFi

季節のフルーツを使ったデザートが、ライナップも多くなってさらに充実しました。旬のフルーツを使ったデザートとの毎月の一期一会の出会いをお楽しみください。

湊をイメージした美しいブルーのクリームソーダ「湊ソーダ」(650円)。取材月には季節のフルーツの新しいデザートが7種も。
その中のひとつ「レモンと紅茶のタルト」(800円)は、たっぷり使ったレモンの酸味と紅茶の風味が爽やかな逸品

TEL.080-3176-6794

さいたま市見沼区東大宮
5-53-26

【営業時間】11:00〜15:00
17:00〜19:00
【定休日】月曜・第3火曜日
【席数】14席
【アクセス】JR宇都宮線「東大宮駅」東口から徒歩約4分
【予約】可（電話またはインスタで）
【駐車場】2台
【Instagram】@shokudo_shinonome

【詳細情報】

おすすめメニュー　税込

●お惣菜のホットサンド
700円
●花おはぎ（緑茶付）
1個280円　2個500円
●天然酵母パンのあんホイップホットサンド 600円
●コーヒー 450円
●カフェオレ 480円　など

 LUNCH　 PET　 CARD　 電子マネー スマホ決済　 TAKEOUT　 WiFi

昭和レトロな店内で、
大人のごはんとおやつを味わう

食堂 シノノメ
しょくどう しののめ

　2022年東大宮にオープンした『食堂シノノメ』は、おいしい家庭料理と和スイーツが評判。「おいしく出来上がるとテンションが上がり、おいしいの一言で幸せ！」と店主・石垣さん。「なるべく無添加で、とにかく美味しく体にいいもの」というおかず（5〜6種類）は、作り置きせずに早朝の<しののめ刻>から、利尻昆布・鰹・いりこなど料理で出汁を変え、毎朝丁寧に作られたもの。甘さ控えめの<大人のおやつ>は基本甘さ控えめで、おばあちゃん直伝のあんこだけは例外。

　古い建物の落ち着いた感じをそのままに、ノスタルジーを感じる店内で食べる日本伝統の家庭料理とおやつは、毎日食べたくなる懐かしくておいしい味わいだ。

1.季節と出汁にこだわったメイン料理と小鉢5種の「きょうの定食」（1300円）。14時までは＋200円でランチドリンク付に。定食の内容は、毎日インスタにアップされるのでチェック　2.店主自ら塗った「しののめ色」の壁に映える、手作りの「花おはぎ（つぶあん・きなこ・ごま）」（3個・緑茶付 700円）。インスタ映えすると人気。おやつは飲み物のセット注文で 100円引になる　3.お気に入りの照明や絵をセンスよく配置した店内は、店主自らも DIYでリノベーションに参加。一番奥の席は、元お風呂場。昭和レトロなタイルがその名残り

from cafe

2階席は、昔の青いトタンや窓や昔の建具などでもっと昭和レトロな雰囲気にする予定。1階同様 DIYなので、いつ完成するかは、毎日変わる惣菜情報と一緒にインスタでチェックしてみてくださいね

＜食＞がテーマ！
ブルワリー＆シェアキッチン併設の地域交流カフェ

団地キッチン 田島

だんちきっちん たじま

　西浦和駅からほど近い元銀行跡の、田島団地入り口に2022年オープンした「団地キッチン 田島」。＜食＞をテーマに高齢化が進む団地の方や地域住民の気軽な居場所や交流拠点を目指すこの施設では、開放的な店内にカフェだけでなく＜シェアキッチン＞と＜ブルワリー＞が併設されている。

　カフェでは、「いえの味をまちの味に」というコンセプトのもと、老若男女、だれでもがおいしく味わえる家庭的な一汁三菜を中心とした定食やスイーツがいただける。また、3種のクラフトビールを同時に楽しめる飲み比べメニューもある。家族や友人と誘いあって、のんびりしたおいしい時間を共有してみてはいかが。

from cafe

料理教室などで利用するキッチン、惣菜やお弁当を作るキッチン、菓子工房の3つのシェアキッチンがあり、店内販売も行えます。現在、天然酵母パン、お惣菜、スイーツのお店が参加。あなたも仲間に加わりませんか？（詳細はQRコードから）

1. 一汁三菜をベースにした＜DANCHI KITCHEN定食＞の「アジフライ定食」（800円＋200円でコーヒー付）。＋300円で「デザート&ドリンク付」か「団地キッチンプレミアラガビール付」に　2. 14時から登場する「DANCHI プリン」（500円＋200円でドリンク付）は、昭和レトロな盛り付けが人気。ドライフルーツの風味とシロップの甘さが絶妙な「フルーツミックススカッシュ」（450円）　3. 元金庫室があるブルワリーのお得なメニュー「飲み比べセット」（1000円）

TEL.048-767-6404

さいたま市桜区田島
6丁目1-20

【営業時間】11：00〜20：00
（ランチ〜14：00）

【定休日】水曜・日曜

【席数】36席

【アクセス】JR武蔵野線「西浦和
駅」から徒歩約2分

【予約】不可

【駐車場】無（近隣にコインパーキ
ング有）

【Instagram】@danchikitchen.
tajima

【詳細情報】

おすすめメニュー

税込

●ランチ（〜14：00）
DANCHI KITCHEN 定食
（数種）各800円〜

●（14：00〜）グラタンパン
500円

●（14：00〜）チーズケー
キ 600円

●自家焙煎コーヒー 350円

●ミルクドリンク
（キャラメル・チョコ）450円
など

メルボルンのカフェの風が吹く、
スタイリッシュなカフェ

BRUNSWICK KITCHEN & COFFEE
ブランズウィック キッチン アンド コーヒー

　店名は、オーストラリアのメルボルンにある街の名前。メルボルンに住んでいた店主夫妻が＜カフェ文化＞に魅せられ、「カフェをやろう！」と決意。キッチンカーからスタートし、2021年にアンティーク家具、木工工作室、レコード店が同居する元コンビニの建物「セブンアート」内に実店舗「BRUNSWICK KITCHEN & COFFEE」をオープン。

　夫がシェフ、妻がバリスタで営むカフェでは、イタリアンベースのフード類、浅煎りスペシャルティーコーヒー、ときどきメルボルンの朝ごはんがいただける。スタイリッシュなカフェで、異国のカフェ文化を感じる…そんな素敵な体験ができそうだ。

3.センターのコミュニティテーブルは、寄りかかって立っているだけでしっくり落ち着く場所

2.ナポリ風の薄い生地にたっぷりトマトソースとモッツアレラの「マルゲリータ」（1100円）と苦味が少なくフルーティな浅煎りスペシャルティーの「コーヒー」（500円）

1.チョコとアーモンドがたっぷりの小麦粉不使用「チョコレートケーキ」（400円）と「カフェラテ」（550円）

TEL. 非公開
川口市源左衛門新田61-7
【営業時間】10:00～18:30
【定休日】月曜・火曜
【席数】22席
【アクセス】JR武蔵野線「東川口」南口から国際興業バス「川20」乗車、「差間南」下車、徒歩約5分
【予約】不可
【駐車場】5台
【Instagram】@brunswick_kitchen

【詳細情報】

 税込

おすすめメニュー
●ピザ 1100円～
●平日限定　パスタ 1200円
サンドイッチ 800円
●チキンオーバーライス 800円
●ラザニア 800円
●バナナブレッド 300円
●チーズケーキ 400円
●FILTER コーヒー 500円～
●カフェラテ 550円
●自家製レモネード 450円
など

 LUNCH　 PET ベンチ席のみ　 CARD　 電子マネー スマホ決済　 TAKEOUT　WiFi

月一回の8時〜11時に朝カ
フェをオープン。私たちがメルボルン
のカフェで食べた懐かしい朝ごはんの
朝カフェです。みんなで朝ごはん食べ
ませんか？　詳細はインスタで確認を

45

エキゾチックな雰囲気のカフェで、
心づくしの料理とスイーツをいただく

ToiToiToi cafe~yuzuriha

トイトイトイ カフェ〜ユズリハ

　2020年、築50年ほどの民家に移転、セルフリノベーション後、ToiToiToi Apartmentとしてリニューアルオープンし、カフェ名も「ToiToiToi cafe 〜 yuzuriha」に変更した。

　店内に入ると、まずギャラリースペースがあり、その奥がカフェスペース。店主の高橋さんが作るフードメニューは、地産や国産の食材を中心に添加物を少なく、体が喜ぶ食事やグルテンフリーのスイーツなど。注文の際に、その日のメニューの内容を丁寧に説明してくれるのも嬉しい。また、スイーツはハーフサイズを3種盛りもできるとか。

　ちょっとした気遣いとステキな空間…このカフェではゆったりしたおいしい時間が過ごせそうだ。

1.10種類のスパイスから作るチキンカレーとひき肉カレーの 2種類の相がけの「薬膳スパイスカレー」（スープ・サラダ付 1350円）。スパイスの炒め物とお漬物は混ぜながら食べるのがおすすめ。＋ 300円でドリンクセットに　2.生地にパイナップルとココナッツクリームを混ぜ込んだシフォンケーキに、ジューシーなパイナップルをサンドした「米粉のシフォンケーキ」（540円）。＋ 300円でドリンクセットに　3.アパートオーナーで女性DIYアドバイザーの末永さんが手がけた、ギャラリーとカフェを仕切る壁がエキゾチックな雰囲気を醸し出す

from cafe

「おいしかった」と元気になって帰ってくださることが、なによりの励み！ よく作り方を聞かれますが、すごく嬉しいです。興味を持たれた料理のレシピは、気軽に聞いてくださいね

 LUNCH　 PET　 CARD　 電子マネー スマホ決済　 TAKEOUT　 WiFi

TEL.080-4473-0777

川口市安行領根岸 2004
＊ナビ検索番地「2006-2」

【営業時間】11:00～16:00
土・日11:00～17:00
【定休日】月曜・火曜
【席数】13席
【アクセス】埼玉高速鉄道「新井宿」1番出口から徒歩約27分、タクシー約4分　国際興業バス「新井宿」から「川23」乗車、「道合」下車、徒歩約1分
【予約】可（電話のみ）
【駐車場】4台
【Instagram】@toitoitoi_cafe_

【詳細情報】

おすすめメニュー　税別

●まかないランチ（水～日曜週替わり）1150円
●ミートドリア 1150円
●チャーシュー丼 1150円
●本日のおすすめデザート 580円
●ごほうび盛り 730円
●レトロ焼きプリン 500円
●コーヒー 500円
●豆乳チャイ 600円
など

　【cafeからのお願い】駐車場が少ないため、お車は1グループ1台でのご来店にご協力お願いいたします

異国のような一軒家カフェで
庭を眺めながら、ゆったりとした自分時間を過ごす

CAFE THE GARDEN

カフェ ザ ガーデン

窓が多い店内では、どの空間にも優しい陽射しが差し込む。とくに、開放的な吹き抜けの空間では、床から天井まで続く窓から陽射しが降り注ぎ、どの席からも庭や庭の木々が眺められ、どこか知らない国のカフェに迷い込んだような、錯覚を覚えてしまう。

そんな魅力的なカフェでは、月替わりで自家製パンの lunch、ご飯中心の rice、トーストの bread の3種類のランチメニューを用意。どれも野菜たっぷりなのが嬉しい。14 時以降は、軽食やスイーツを楽しむことができる。

また、パンや惣菜、食器や雑貨の販売、ワークショップやパン教室も開催。すてきなカフェでゆったりした自分時間を過ごしてみては。

1. 月替わりランチは、ランチ、定食、トーストの3種類。メインのグラタンとフランクに、じっくり煮込んだニンジンのポタージュ&ラペなど、ボリュームたっぷりランチ「ホワイトフランクとキノコのグラタン」（1350 円）。（ドリンクは 50 円引）　2. 14時以降のおすすめは季節限定の「パイナップルのシフォンサンド」（600 円）とたっぷりサイズの「アイスコーヒー」（600円）（ドリンク 50 円引）　3. 天井までガラス窓になっている入り口のパン&デリコーナーは、振り返ると圧巻!

TEL.048-872-6766

北足立郡伊奈町小室 6912-1

【営業時間】11:00〜18:00 金
11:00〜19:00（ランチ〜14:00）
【定休日】日曜・水曜
【席数】34席
【アクセス】埼玉新都市交通ニューシャトル 「志久」から徒歩約9分 ＊車の場合は、Googlemap のナビで検索
【予約】可（電話のみ）
【駐車場】15台
【Instagram】@cafe_the_garden

【詳細情報】

おすすめメニュー　税込

●月替わりランチ（〜 14:00）A・B・C 各 1350 円
●キッズプレート 650 円
●発酵バタートースト（14:00 〜）M450 円・L600 円
●チーズケーキ 550 円
●プリンアラモード（14:00〜 数量限定）1050 円
●コーヒー 450 円
●台湾アップルサイダー 500 円
●あずき茶 500 円　など

 LUNCH PET CARD  電子マネー スマホ決済 TAKEOUT WiFi

from cafe

当店の名の由来、両親が大切に育てたバラなどの花が咲くガーデン。春には、カフェをご利用のお客様に期間限定で公開しています。公開時期詳細はインスタでご確認ください

【cafeからのお願い】駐車場が少ないため、お車は1グループ1台でのご来店にご協力お願いいたします

TEL.048-708-0632
上尾市小泉 1-2-5

【営業時間】11:00〜17:00
土・日11:00〜16:00
18:00〜21:00
【定休日】月曜（不定休あり イ
ンスタで確認）
【席数】20席
【アクセス】JR「上尾駅」西口か
ら徒歩約20分 東武バス「上尾駅
西口」から「尾11・尾12・尾13」乗
車、「今泉入口」下車、徒歩約7分
【予約】可（電話またはインスタで）
【駐車場】2台
【Instagram】@dhi.gu

【詳細情報】

Cafe Dhigu

おすすめメニュー
税込

●上尾ルーロー飯セット
1150 円
●週替わりセット 1400 円〜
●お子様プレート 780 円
●トロトロ塩漬けアヒルの
卵のカスタード饅頭 550 円
●きせつのデザート　時価
●コーヒー 490 円
●果汁入りマンゴーソーダ
490 円
●黒糖チャイ 550 円　など

 LUNCH　 PET テラス席のみ　 CARD　 電子マネースマホ決済　 TAKEOUT　 WiFi

リゾート感漂うアジアンカフェで、
体も目も喜ぶ美味な時間を過ごす

Cafe Dhigu
カフェ ディグ

はなみずき通沿いに続く静かな住宅街の一角に「Cafe Dhigu」
がある。「以前からカフェを開きたくて」というオーナーの
呉さんの念願が叶ってオープンしたのは、2021年。

<体にやさしい料理を作る>ナチュラルコーディネーター
の資格を持つ呉さんが作る料理は、台湾や上海料理がベー
ス。薬膳の考え方を基本に、体の代謝を促す<ハーブ＆スパ
イス>を食事だけでなくスイーツでも使う。セットメニュー
はキッズ用も含めて6種類、週替わりスイーツは3〜4種。
なかでも、旬のフルーツとハーブ＆スパイスを組み合わせた
「期間限定パフェ」は超人気。美味な料理とスイーツのある
カフェで、おいしい時間を過ごしてはいかが。

1.市の推奨料理にも選ばれた「上尾
ルーロー飯」のついた「Dhigu飲茶セッ
ト」（1450円）は、＋280円で「中
国ジャスミンティー」をセットに 2.季
節のフルーツを使った見た目も美しい
期間限定スイーツ「桃パフェ」（1680
円）。9層立てで果物やハーブ、ス
パイスなど、味や風味、食感の変化
に驚く 3.リゾート風のテラス席がお
しゃれ

from cafe

テイクアウトのお弁当
は、お店のランチやお客
様の体調や年齢、ご予算
に合わせた「おいしく体
によいアジアテイストの
薬膳料理」をご提供して
います。パーティ料理の
ご注文もOK。ご予約は
1週間前に。お気軽にご
相談ください

超ハイテクコーヒーが飲める、
地域の人が集うカフェ

NOG COFFEE ROASTERS 伊奈町

ノグ コーヒー ロースターズ　イナマチ

バリスタ経験のある野口さんが焙煎士の友人らと起業した同名店が経営するコーヒーショップ。建物オーナーの工務店の「地域の人が交流できる場を作る」という試みと「自分たちのコーヒーを楽しんでもらう場」を探していた野口さんの意見が一致。工務店事務所を改装して2023年にオープンした。

提供するコーヒーは、日本初導入のオートドリップマシン「Brewvie」で淹れる超ハイテク・コーヒー。豆ごとに細かくレシピを設定するだけで、経験豊かなバリスタの淹れた味わいを再現できる。コーヒーは超ハイテクだが、心意気は温かいステキなカフェだ。

3.木目を基調にしたシンプルな広々とした店内、そして開放的なテラス席など、その日の気分で席を決めるのもいい

2.グルテンフリーの「バナナブレッド」(500円)に、しっかりとしたロースト感の「The Merry」のコーヒー(550円)を

1.中深煎りでバランスの取れたハウスブレンド「The Merry」で淹れた「カフェラテ」(500円)には、「ハムとチーズのパニーニ」(480円)を合わせて

TEL.050-6863-0803

北足立郡伊奈町小室
2268-145

【営業時間】10:00〜17:00
【定休日】無休
【席数】40席
【アクセス】JR宇都宮線「蓮田駅」西口から徒歩約15分
【予約】不可
【駐車場】10台(第2駐車場含)
【Instagram】
@nogcoffeeroasters

【詳細情報】

NOG COFFEE
ROASTERS

税込

おすすめメニュー

●ホットブラックコーヒー
S450円　M550円
●カフェラテ Hot500円
●レモネード S550円
M650円
●キッズキャラメルミルク
300円
●アフォガート 600円
●ヴィーガンクッキー 400円
●ブラウニー 500円　など

 LUNCH　 PET テラス席のみ　 CARD　 電子マネースマホ決済　　TAKEOUT　 WiFi

from cafe

　コーヒー豆別の試飲を用意しています。まずは、ハウスブレンド「The Merry」を試飲して、BEANS LIST を見ながら焙煎度（深い・浅い）や味わい（濃い・フルーティ）など、お好みのコーヒーを見つけてください！

TEL.090-3592-5008
北葛飾郡松伏町大川戸 937-1

【営業時間】11：00～15：00
第3土曜17：00～22：00
【定休日】月曜・第1日曜（不定
休あり インスタで確認）
【席数】42席
【アクセス】東武スカイツリーライン
「せんげん台」西口からタクシーで
約15分　茨急バス「せんげん台駅」
から「松伏町役場行」乗車、「NTT
電話局前」下車、徒歩約5分
【予約】可（電話のみ）
【駐車場】30台
【Instagram】@embrace.cafe

【詳細情報】

おすすめメニュー

● 米粉のワッフルサンド
1300 円
●シーフードグラタン 800 円
●野菜たっぷりスープ 650 円
●今日のデザート 600 円
●オリーブスパイスポップ
コーン 500 円
●オリーブコーヒー 480 円
● embrace ドリンク
各 600 円　など

 LUNCH　 PET　 CARD　 電子マネー スマホ決済　 TAKEOUT　 WiFi

のどかな田園風景のカフェで、
オリーブオイル料理を堪能する

embrace cafe

エンブレイス カフェ

オリーブ苗木販売や国産オリーブオイルの販売を行うオリーブ専門店「embrace olive」の敷地内に、オーナーの丸尾さんが「本物の国産オリーブオイルを味わってほしい、知ってほしい」とオープンした「embrace cafe」。

リユースのビンテージ家具が置かれたシックな店内では、地元松伏の大館農園の無農薬野菜とドレッシング、オリーブ葉を乾燥させたお茶やパスタなど、国産オリーブで作ったオリーブオイルを使った料理や飲み物、体にやさしいスイーツなどを食べることができる。

田園の広がるのどかな風景を眺めながら、オリーブの恩恵を受けつつ、このカフェでのんびり1日過ごすのもいい。

3. 松伏の無農薬野菜を10種類以上使った「モリモリサラダ」(1300円+100円〜ドリンクセット)は、ボリューム満点。「無農薬赤シソジュース」は+200円でセットに 4. スイーツは米粉のワッフルにアイスクリーム付きの「ワッフルちゃん」(600円)とポリフェノール豊富な「オリーブ茶」(300円)

1. 2階のカフェスペースは、木目基調空間にビンテージの皮ソファなどが置かれてシックな雰囲気 2. embrace oliveが手絞りで作ったオリーブオイルたち。それぞれ＜国際オリーブオイルコンテスト＞で金賞、銀賞を受賞した逸品

from cafe

瀬戸内海・小豆島で育ち、オリーブ園主と一緒に開発した「エンブレイスオリーブ」。本物を追求してできた国産のオリーブオイルです。ランチだけでなく、夜カフェでもそのおいしさや使い方を確かめて、ぜひご自宅でも使ってみてくださいね！

素朴な味わいのごはんとおやつ、
店主の笑顔に癒されるカフェ

カフェ ミカン

かふぇ　みかん

「素敵なおばあちゃんになること」をモットーに、手作り味噌やぬか漬け、発酵調味料など、日本の家庭に昔からあった自家製の発酵食品を使った、やさしい味わいの料理とおやつを作り続けてきた「カフェミカン」。

食と文化の拠点＜シモガシハウス＞にカフェをオープンして早7年になるが、その素朴なおいしさは変わらない。「これからも吉川の食文化や食材を大切にしたごはんを」という店主ミカンさんは、吉川産の野菜、吉川名物のなまずもメニューに取り入れている。

近所の年配の方や子育て中のママたちにもファンは多い。ニコニコ顔の店主につられ、このカフェではみんな自然と笑顔になれる。

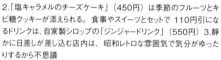

2.「塩キャラメルのチーズケーキ」（450円）は季節のフルーツときび糖クッキーが添えられる。食事やスイーツとセットで110円引になるドリンクは、自家製シロップの「ジンジャードリンク」（550円）3.静かに日差しが差し込む店内は、昭和レトロな雰囲気で気分がゆったりするから不思議

1.メインのおかずと副菜3種のお魚お肉を交互にした「週替わりごはん」（1200円）。この日のメインはサクッと揚がった「あおさイワシフライ」で、お得意の発酵調味料、発酵食品が随所に使われている優しい味わい

TEL.070-8553-8878

吉川市平沼 88-3
シモガシハウス 1F

【営業時間】11:30〜16:00
【定休日】月・火・土・日曜（不定休あり　インスタで確認）
【席数】12席
【アクセス】JR武蔵野線「吉川」北口から徒歩約15分
【予約】可（電話のみ）
【駐車場】4台
【Instagram】@cafe.mican

【詳細情報】

カフェミカン

おすすめメニュー　税込

- ●週替わりごはん 1200 円
- ●本日のカレー 660 円〜
- ●カフェオレ胡麻マフィン 350 円
- ●自家製シロップのドリンク 各 550 円
- ●コーヒー 440 円
- ●だいずカフェオレ 550 円
- ●ほうじ茶 440 円
- ●梅醤番茶 550 円　など

 LUNCH　 PET　 CARD　 Pay 電子マネー スマホ決済 のみ paypay のみ　 TAKEOUT　 WiFi

TEL.048-922-5694
草加市瀬崎 3-35-36

【営業時間】9:30〜17:30
【定休日】木曜・日曜(不定休あり　インスタで確認)
【席数】12席
【アクセス】東武スカイツリーライン「谷塚」東口から徒歩約5分
【予約】可(電話またはインスタで)
【駐車場】5台(隣のビジネス旅館越後家駐車場)
【Instagram】@bunjicoffee. omusubi

【詳細情報】

おすすめメニュー　税込

● おむすび各種 各 200 円〜
● コク旨カレーライスセット 880 円
● 出汁巻きたまごサンドセット 880 円
● コーヒー 350 円
● 和紅茶 350 円
● 日本茶 350 円　など

LUNCH　PET 入口ベンチのみ　CARD　Pay 電子マネースマホ決済　TAKEOUT　WiFi

昭和レトロなアパートのカフェで、
ノスタルジックな時を過ごす

おむすび、ときどき喫茶 文治
おむすび、ときどききっさ ぶんじ

　谷塚駅東口からほど近い、アパートの一室に「文治」はある。「店名は、新潟出身の曽祖父の名前」と隣接するビジネス旅館越後家・4代目でカフェのオーナー池田さん。築40年の木造アパートを改装した店内は、昭和の趣きのある雰囲気をそのままに、漆喰風のグレーの壁と木を基調に和のイメージで統一しておしゃれな空間にリノベーションした。

　「お米メインで、食事をいただく！」というカフェごはんのメインは、米農家から直送される石川県産コシヒカリ、地産地消の食材中心で作った具がたっぷり入った「おむすび」。他にも、懐かしのプリンや自然栽培の日本茶などがあり、おむすびと一緒になごやかな店内でゆっくりと味わいたい。

1.人気の「おむすびセット」（750円）は、好きなおむすび2個・出汁巻きたまご・副菜・味噌汁・漬物、さらにミニドリンクがつく＜よくばりプレート＞　2.濃厚な赤玉卵を使った「懐かしのプリン」（350円）とハンドドリップで丁寧に入れた「アイスコーヒー」（350円）　3.おむすびの具は、甘熟うめ・ほぐし身しゃけ・スパム玉子などの定番8種に旬の食材を使った具が加わる

from cafe

文治の両隣には、姉妹店
＜新潟中心の日本海沿
岸の料理＞「えちごや」、
そして＜つたえる、つ
たわる場所＞をコンセプ
トにしたシェアスペース
「zen」があり、気軽に
ご利用いただけます。詳
細は当店のインスタで
確認を！

窓から桜並木が見えるカフェで、
新しい「おいしい!」を体験する

市と喫食 hitoha

いちときっしょく　ヒトハ

桜並木が美しい二合半用水の通称＜さくら通り＞に、グラノーラ工房「Aprum Kitchen Works」の実店舗「市と喫食 hitoha」が 2022 年オープンした。「どこかの誰かの、第三の居場所になるような優しく温かいカフェに」と店主の千葉さん。

白の壁を基調に、印象的な深い青のコーナーのある店内では、敷地内の畑で採れた旬野菜を中心に「お皿の上の食事で季節を感じてほしい」という 2 種類のランチ、スイーツ 5 種類ほどが用意されている。食事、スイーツには、「新しい味の出会いを体験できるアイテム」のハーブやスパイスがついてくる。このカフェでは、毎回おいしい発見がありそうだ。

2.旬野菜と雑穀パンのランチ「二十四節気替わりの hitohaランチ」（1300円）。エチオピア豆の「アイスコーヒー」（620円 セットで 200 円引き） 3.「アシェットデセール〜桃のメルバ〜」（950円)は、自家製アイス、鉄観音茶とミントのゼリーなどのスイーツの盛り合わせ。ハーブティー「薫風」（750円）と一緒に

1.シックな青の空間は、店主が好きなカフェの壁の色をリスペクトしたという

TEL. 非公開

吉川市川藤 3867-1

【営業時間】12:00〜18:00
【定休日】不定休（インスタで確認）
【席数】13席
【アクセス】JR武蔵野線「吉川」北口から徒歩35分、またはタクシーで約10分 茨急バス「吉川駅北口」から「ゆめみ野」「エローラ」乗車、「川野集会所」下車、徒歩6分
【予約】可（インスタの予約から）
【駐車場】5台
【Instagram】@hitoha____

【詳細情報】

市と喫食hitoha

税込

おすすめメニュー

●ランチ　今週のキッシュプレート 1200 円
●キャロットケーキ 430 円
●スコーンサンド（あんことバター）430 円
●ハンドドリップコーヒー 550 円
●カフェラテ 500 円
●アールグレイティー 500 円
●季節の果実シロップ 600 円　など

LUNCH　PET テラス席のみ　CARD　電子マネースマホ決済　paypayのみ　TAKEOUT　WiFi

「おとな女子のための夜カフェ」
を開催予定。美味しい食べ物があって、
素敵なおしゃべりができて…リフレッ
シュできるような時間を計画中。詳細
は、インスタでお知らせしますね

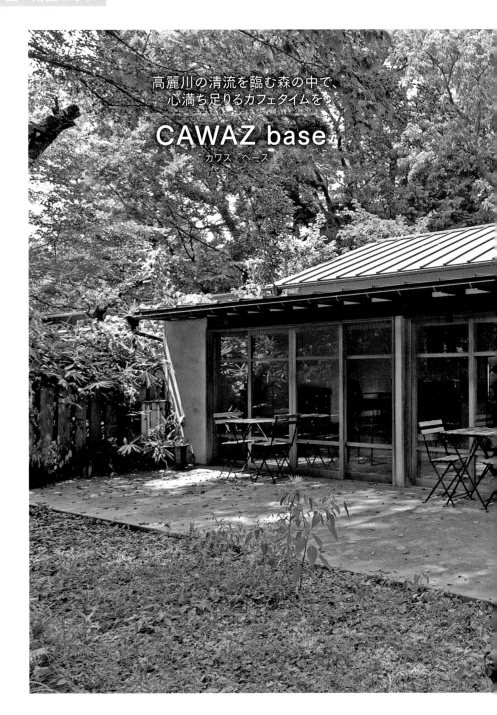

高麗川の清流を臨む森の中で、
心満ち足りるカフェタイムを

CAWAZ base
カワズ　ベース

TEL.0429-78-9131
日高市栗坪46

【営業時間】11:00〜17:00
【定休日】木曜・金曜
【席数】41席
【アクセス】西武秩父線「高麗」から徒歩約15分
【予約】可（インスタで）
【駐車場】23台
【Instagram】@cawaz.base

【詳細情報】

おすすめメニュー
税込

●たっぷり卵の特製オムライス 1150円
●クロックムッシュプレート 850円
●今月のチーズケーキ 540円
●スコーン 300円
●オリジナルブレンド kenji 550円
●カフェラテ 600円
●狭山和紅茶 茜 500円
など

 LUNCH　 PET　縁側席・テラス席・デッキ席のみ　 CARD　 電子マネー スマホ決済　 TAKEOUT　 WiFi

高麗川の清流を臨む森の中にある「CAWAZ base」は、420坪の敷地内にカフェ、コワーキング、テントサウナやBBQなどのアウトドアが体験できる＜働く＞と＜遊ぶ＞が融合した複合施設。

カフェ＆コワーキング棟にあるカフェは、民家だった築60年の建物をリノベーションし、2021年にオープン。モダンな中にも温かい雰囲気の店内では、地元の日高や近隣で収穫された野菜や果物、卵や牛乳を使ったランチ、アレルギーやヴィーガンに対応した乳製品不使用のスイーツ、こだわりのコーヒーなどがいただける。「敷地内にある高麗川に足をつけながら、コーヒーを飲む人も」とオーナーの北川さん。自然豊かな環境を楽しみながら、ステキなカフェ時間が過ごせそうだ。

1.ミートソースからドレッシングまですべて自家製「CAWAZ オリジナルタコライス」（1150円）。ドリンクは、狭山産抹茶を使った「抹茶ラテ」（600円 ランチとセットで200円引きに） 2.アイスとティラミスに熱いエスプレッソをかけていただく「ティラミス風アフォガード」（580円）は大人のスイーツ 3.高麗川が臨めるデッキ席ではBBQも楽しめる

from cafe

生豆はすべてスペシャルティーコーヒーを使用するなど、オープン時からコーヒーにはこだわってきましたが、2023年から焙煎機を導入。CAWAZ base の自家焙煎珈琲を楽しんでいただけるようになります。お楽しみに！

だれもが喜ぶやさしい味わいの
＜ごはんとおやつ＞に出合えるカフェ

Sai Kasumi ごはん

サイ カスミ ごはん

　高層マンション群の間に大きな柿の木が印象的な平屋の古民家があり、その一角に「Sai kasumi ごはん」がある。建物のオーナーがギャラリーとしてリノベーションした店内は、和モダンなカフェスペースと昔の建具などが懐かしい和室のギャラリースペースに分かれている。

　「出汁は昆布と本鰹節で、味噌など自分で作れるものは自家製で」という店主の岩澤さん。一汁三菜の「本日のごはん」は、乾物の車麩や高野豆腐などをメインにした主菜、たっぷり野菜に副菜、まん丸おにぎりと自家製味噌で作ったお味噌汁。スイーツは埼玉産小麦粉にきび糖、米油を使う。そんなやさしい味わいを求めて、今日も引き戸を開ける音が店内に響く。

1.野菜中心の「本日のごはん」（1300円）は「豚とコーンのじゃがいもコロッケ」をメインに一汁三菜。「プラムのシロップジュース」（500円）は食事とセットで400円に　2.coffee tangoの深煎り豆の「コーヒー」と「いちじくとレーズンのパウンドケーキアイスクリーム添え」を「本日のデザートセット」（1000円）で　3.大人も思わず子どもに返る、駄菓子コーナー

from cafe

今、お引越しを検討中です。時期や場所はまだ未定ですが、また違う店舗で、違う雰囲気の＜sai kasumi ごはん＞を楽しみにしていただけると嬉しいです。お引越し情報はインスタでお知らせしますね

 LUNCH　 PET　 CARD　 電子マネー スマホ決済　 TAKEOUT　 WiFi

TEL. 非公開
所沢市寿町 22-2

【営業時間】12:00〜15:00
【定休日】月曜・火曜・日曜
【席数】12席
【アクセス】西武新宿線「所沢」
西口から徒歩約15分
【予約】可(インスタで)
【駐車場】無(近隣にコインパーキング有)
【Instagram】@sai.kasumi.gohan

【詳細情報】

おすすめメニュー

税込

●本日のごはん 1300 円
●本日のケーキ 600 円
●本日のケーキセット(ドリンク付) 1000 円〜
●コーヒー 500 円
●煎茶(つゆひかり×ミントレモンバーベナ) 500 円
など

からだにやさしいおやつとコーヒーで
デンマーク風のお茶の時間を楽しむ

Tumugi
ツムギ

　＜自家焙煎コーヒーとからだにやさしいおやつ＞のカフェ「Tumugi」。以前から「卵・乳製品・白砂糖不使用、すべて植物性」のおやつだったが、すべて米粉のみにリニューアル。さらに、ご主人担当のコーヒーも有機や農薬不使用で栽培する農園から豆を取り寄せるようになったという。また、海外で賞をとっ

たこだわりの国産果実で作るジャムも品質・種類ともにさらに充実。

　店内は、お茶の時間を大切にするデンマークの手芸学校をモチーフにした木の温もりが感じられる空間。素朴でおいしいおやつと新鮮な焙煎豆で淹れるスッキリとしたコーヒーとともに、穏やかなお茶の時間が過ごせそうだ。

3．2021年「ダルメイン世界マーマレードアワード」で毛呂山産最古の桂木ゆずを使ったマーマレードが金賞、銀賞を受賞。写真は、富士見産無農薬「プラムジャム」と越生産無農薬「梅ジャム」

1.カーテン越しにやわらかな陽射しが差しこむ店内は、午後のティータイムにぴったりの雰囲気　2.一枚の絵画かと思ったら、小窓から見える風景。この席がお気に入りの人が多いとか

TEL.049-214-1292
富士見市上沢 1-17-31

【営業時間】12:00〜17:30
【定休日】木曜・金曜
【席数】9席
【アクセス】東武東上線「鶴瀬」東口から徒歩約13分
【予約】不可
【駐車場】無（近隣にコインパーキング有）
【Instagram】@tumugi.hej

【詳細情報】

おすすめメニュー　税込

●おやつミニセット（ドリンク付）1000 円
●本日のおやつ 250 円〜
●自家焙煎 中深煎り Skov（森）450 円
●アイスコーヒー 500 円
●穀物コーヒー 450 円
●プラムネード 450 円
●ドイツのメディカルハーブティ 450 円　など

 LUNCH　 PET　 CARD　 電子マネー スマホ決済　 TAKEOUT　 WiFi

all vegan & gluten-free。お出ししているものはすべて植物性です。アレルギーの有無やヴィーガン、ベジタリアンの方もそうでない方も、みんなで楽しんでくださいね！

好きなおやつを3つ選べる「おやつプレート」（1200円ドリンク付）。智里さんの留学時代の思い出の味、スパイスの効いた有機ナッツ入り「デンマークケーキ」と「黒糖黒ごまスコン」「焼きチョコロール」。セットのドリンクは中煎りで爽やかな酸味の「Rejse（森）ブレンド」（500円）

TEL.048-278-7337
朝霞市本町 2 丁目 10-43

【営業時間】11:00〜16:00
【定休日】月曜・火曜
【席数】12席
【アクセス】東武東上線「朝霞」
南口から徒歩約3分
【予約】可（電話またはインスタ
で）
【駐車場】無（近隣にコインパー
キング有）
【Instagram】@hakohchan_
miso

【詳細情報】

おすすめメニュー

●おみそ汁 990 円
●おむすび 220 円
●はっこうちゃんのコーヒー
ゼリー 660 円
●とろけるやきいも 660 円
●ソイカフェラテ 600 円
●米こうじ甘酒 660 円
●甘酒おしるこ 750 円
など

 LUNCH　 PET　 CARD　 Pay 電子マネー スマホ決済　TAKEOUT　WiFi

元気が出るおみそ汁とおかずとスイーツ、
発酵にこだわった腸活カフェ

はっこうちゃん

はっこうちゃん

　一見カフェには見えない外観だが、店内に入ると木目調の
おしゃれな空間が広がる。長年アレルギーに悩まされたオー
ナーの新井さんが腸活をきっかけに、2021年に発酵食品に
こだわった「はっこうちゃん」をオープン。「小麦・卵・乳製品、
私の食べられないものは使っていません（笑）」と新井さん。

　自慢の「おみそ汁」は、大きな具の入った器に北海道羅臼
昆布と厚削りかつおの濃厚な黄金出汁を注ぎ、底にある味噌
を溶いて絶品なおみそ汁を完成させる。おみそ汁の種類は季
節替わりで3種類ほど。厳選した発酵食品＆調味料、埼玉産
の野菜を使った副菜、スイーツはどれを食べてもやさしい味
わいで美味。このカフェで心と体をほっこりさせてみては？

1.甘酒あんこなどを使ったグルテ
ンフリーの「はっこうちゃんパフェ」
（660円）は、ドリンクとセットで
1100円

2.はっこうちゃんで使用している無添加・無化調の調味料たち。店内で購
入可　3.「本日のおみそ汁」2種類から選べる「おむすびとおみそ汁セット」
（1650円）。写真は、米麹たっぷりの 2種類の甘めの味噌を使った「ふ
わふわ鶏つくねのおみそ汁」。おむすびは3種類のおかず味噌でいただく

重厚なレンガの建物とイングリッシュガーデンが美しい、
隠れ家カフェで癒される

Parrucchiere-di-Caffe

パルッキエーレ ディ カフェ

レンガ造りの門柱を通って進むと美しいイングリッシュガーデンに辿り着く。そこに建つレンガの外壁が印象的なイギリス風のおしゃれなアパートの一室に、2021年にオープンした「Parrucchiere-di-Caffe」はある。店名の意味は、美容師でもあるオーナーの荻原さんにちなんで＜美容師のカフェ＞。

ここでは、本場イタリアの濃厚エスプレッソ系ドリンクとドリンクに合うフードやスイーツがいただける。自慢のエスプレッソは、トロミと渋みがある酸味を抑えた逸品。庭園を臨めるテラス席は、休日ともなると満席に。隠れ家カフェで、非日常の空間に癒されてみてはいかがだろうか。

3. テラス席からは美しいイングリッシュガーデンを眺めながらティータイムが楽しめる

1. とろとろ豚肉と甘辛味がたまらない台湾定番料理「ルーロー飯」（900円）と自慢のエスプレッソを使った「アメリカーノ」（450円）　2.バニラビーンズを使用した少し硬めの「イタリアンプリン」（380円　ホイップクリーム＋ 50円）とラテアートがかわいい「カフェラテ」（500円）

TEL.080-3364-3230

富士見市水子 5029-1

【営業時間】10:00〜18:00
【定休日】不定休（インスタで確認）
【席数】20席
【アクセス】東武東上線「みずほ台」西口から徒歩約10分、または「柳瀬川」から徒歩約10分
【予約】可（電話またはインスタで）
【駐車場】4台（場所はインスタで確認）
【Instagram】@parrucchiere_di_caffe

【詳細情報】

おすすめメニュー

税込

- ●ガパオライス 900 円
- ●ハンバーガー 650 円
- ●オムライス 800 円
- ● mini バスク風チーズケーキ 380 円
- ●ワッフル 560 円
- ●ドリップコーヒー 470 円
- ●エスプレッソ 300 円
- ●カフェラテ 500 円
- ●キャラメルグラニータ 650 円　など

 LUNCH　 PET　テラス席のみ　 CARD　 電子マネー スマホ決済　 TAKEOUT　 WiFi

from cafe

だれでも上達できる少人数制の
「ラテアート教室」を開催中。日曜以
外の午前中で1時間30分～2時間。
興味のある方は、ぜひインスタを確認
してご参加ください

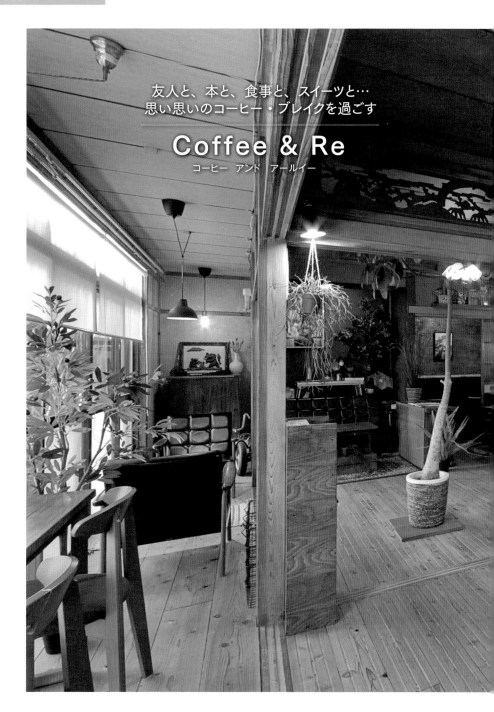

友人と、本と、食事と、スイーツと…
思い思いのコーヒー・ブレイクを過ごす

Coffee & Re

コーヒー　アンド　アールイー

コーヒーが好きでコーヒースタンドをやりたいと思っていたオーナーの石井さんが、空き家だった実家を DIY でリノベーション。コーヒーに特化した「Coffee & Re」を2022年にオープンさせた。店名の＜ Re ＞は「一杯のコーヒーで、リラックス＝心を整え、リフレッシュ＝回復、リスタート＝再出発で

きる場所に」という思いが込められている。

店内は、入った瞬間から寛げるよう、古い建物の温かな雰囲気を残した和モダンな雰囲気。石井さん自ら作るフードやスイーツは、コーヒーに合うメニューをラインアップ。

おいしいコーヒーをゆっくりと味わいたい…そんなときに訪れたいカフェだ。

1.ほうれん草、ベーコン、じゃがいものキッシュ、ラタトゥイユ、サラダ、スープ、バケット、アメリカーノ付の「キッシュランチプレート」はボリューム満点！ 2.日替わりで数種類用意されているチーズケーキ、昔懐かしいプリン、ショーケースから好きなものを選べる焼き菓子が乗って、さらにハンドドリップのコーヒーがついた「スペシャルプレートセット」（1700円）。スイーツ好きには夢のような一皿

3.玄関横にある和モダンなテラス席。もちろん店主手作りだ 4.その日おすすめの自家焙煎コーヒー豆がズラリと並ぶ

TEL.0480-47-0509

加須市花崎 4-7-2

【営業時間】11:00〜18:00（土・日8:30〜 モーニングあり）
【定休日】月曜・火曜
【席数】23席
【アクセス】東武伊勢崎線「加須」南口から徒歩約25分、またはタクシーで約5分、東武伊勢崎線「花崎」南口から徒歩約25分、またはタクシーで約10分
【予約】可（電話またはインスタで）
【駐車場】7台（店舗駐車場までは徒歩1分）
【Instagram】@coffee_and_re

【詳細情報】

 税込

おすすめメニュー

●和風キーマカレー 1000円
●のっけオムライス 980円
●タコライス 980円
●スキレットパンケーキ 650円
●バナナブリュレトースト 580円
●ブレンドコーヒー 500円
●アーモンドミルクラテ 600円　など

 LUNCH　 PET　 CARD　 電子マネースマホ決済　 TAKEOUT　 WiFi

from cafe

「どのコーヒ豆を選ぶか」迷ったらお声がけを。コーヒー豆が育った国の気候や育ち方で＜どんな味わいや香りになるのか＞、地図を見ながらご説明します。お気に入りのコーヒー豆を見つけてくださいね

南仏風のおしゃれな一軒家のカフェで
本格的なイタリアンと美しいスイーツを堪能する

café loup AZ
カフェ ル アズ

　腕利きシェフとパティシエの夫妻が、本格イタリアンのランチとスイーツを提供するカフェ「café loup AZ」。2019年のオープン以来、おいしい食事とフォトジェニックなスイーツを求めて足繁く通うファンが多い。

　前菜3種・ミニデザート・食後のドリンクのつくミニコース仕立てのランチは、自家製パスタやキッシュなど、メインを4種用意。見た目も美しいフルーツたっぷりのスイーツは「皿盛りデザート」（カフェ＆ディナータイム限定）がおすすめ。「食事やスイーツに合わせるドリンクで味わいが変わります」とオーナーシェフの薊さん。さらにおいしくする＜ドリンクのマリアージュ＞、ぜひ相談して美味な組み合わせを見つけてみよう！

1.メインが「桃の冷製カッペリーニ」のランチ（2090円）は、コース仕立ての本格的イタリアン　2.桃、桃のソルベにアクセントでクランブルやレモンピールを合わせた「桃のパフェ」（1700円）。気まぐれで登場するのでインスタで確認を。フレッシュな桃には香り高い神戸＜uf-fu＞の「ダージリンティー」（770円）を　3.出迎えてくれる＜腹ペコ狼くん＞は、羊毛作家さん手作り

from cafe

不定期で火曜の午後に「陶芸」や「フラワーアレンジメント」、「リース作り」などのワークショップを行なっています。詳細は、インスタを確認してご参加くださいね

 LUNCH　PET テラス席のみ　CARD　電子マネー スマホ決済　TAKEOUT　WiFi

TEL.048-708-3026
蓮田市末広 1-4-15

【営業時間】ランチ　1部 11：30〜
13：30　2部 13：30〜15：30　カフェ
14：30〜 17：00　ディナー（前日予
約）金・土・日 18：00〜21：00
【定休日】水曜・隔週火曜（定休
日以外の火曜はランチのみ）
【席数】15席
【アクセス】JR宇都宮線「蓮田」
西口から徒歩約5分
【予約】可（予約推奨 電話また
はインスタで）
【駐車場】6台
【Instagram】@cafe_loup_az

【詳細情報】

おすすめメニュー　税別

●ランチ（4種のミニコース）
1760 円〜
●季節の皿盛りデザート
（14:00 〜）1150 円〜
●アメリカーノ 500 円
●カフェラテ 600 円
●ポットティ 700 円
●100％オレンジジュース
450 円　など

TEL.0480-53-3922
久喜市東大輪 139-19

【営業時間】10：00〜16：30
【定休日】日曜・水曜
【席数】38席
【アクセス】JR宇都宮線「東鷲宮駅」東口から徒歩約12分　＊車の場合は、Googleナビで検索
【予約】可（電話またはインスタで）
【駐車場】10台
【Instagram】@harenochihare_kuki

【詳細情報】

おすすめメニュー　税込

●ランチボックス　850円
●ベイクドチーズケーキ 500円、ガトーショコラ 500円
●カフェラテ 500円
●ソイラテ 500円
●手作りジンジャエール 500円
●手作りハニーレモネード 500円
●キッズドリンク（アップル、オレンジ、カルピス、ミルク）250円　など

LUNCH　イートインOK　PET　CARD　Pay 電子マネースマホ決済　TAKEOUT　WiFi

たくさんの本とおいしいパンに囲まれて、
好きな席でのんびりと過ごせるベーカリーカフェ

Book cafe and Bakery
晴れのち晴れ
ブック カフェ アンド ベーカリー　はれのちはれ

2021年、弦代公園側の閑静な住宅のなかに「晴れのち晴れ」
はオープン。コンセプトは＜パンと本に囲まれたカフェ＞。

　入り口付近には、国産小麦粉100％の焼き立てパンやラ
ンチボックスが並び、その奥には大きな窓から緑が臨めるカ
ウンター席、白基調のテーブル席、2階席は靴を脱いで上が
る和風席とバリエーション豊富なカフェスペースが広がる。
あちらこちらに本が置かれ、自由に読めるのが嬉しい。

　「その日の気分で座る席を選べるよう、表情の違う席を用意
した」とオーナーの川口さん。このカフェでは、お茶の時
間を楽しんだり、イートインで食事をしたり…好きな席での
んびりと思い思いの過ごし方ができる。

2.「可愛い二葉の鉢?」と思った
ら遊び心たっぷりの「ティラミス」
（500円）＆「カフェラテ」（500
円）。イートインならスイーツ＆ドリ
ンクが100円引きに　3.入口の
パンコーナーでは毎日焼きたての
パン30〜40種類が並ぶ

1.ランチBox形式なのでイー
トインもテイクアウトもok。
写真は「ハンバーグとエビフ
ライ弁当」（850円）と「手
作りレモネード」（500円）。

from cafe

東鷲宮駅近くにある姉妹
店「イタリア創作料理
くれは」「創作dining 楓」
で食事をしたレシートを
持ってきてくだされば、
カフェ利用のメニュー
10％OFFになります。
ぜひ、食後のスイート＆
ドリンクをお楽しみくだ
さい！

牛が草を食む、牧歌的な風景のなか
牧場直営のカフェで濃厚なジェラートを堪能する

Blue Bamboo Farm Gelato & Cafe

ブルーバンブー ファーム ジェラート アンド カフェ

「ジェラートを通じて酪農の魅力を知ってもらいたい」と創業75年のBlue Bamboo Farm4代目の青木さんが2022年に「Blue Bamboo Farm Gelato&Cafe」をオープンさせた。

ジェラート担当は、パティシエの経験がある奥さまの美保さん。牧場の牛乳で作る基本の「ホワイトベース」、それに卵を加えた「イエローベース」、カカオ70％とホワイトチョコを加えた「チョコレートベース」を用意し、各ベースに合うフレーバーを加えてジェラートができあがる。「ベースを丁寧に作ることで、フレーバーの味がなじみやすく滑らかになる」と美保さん。牛を眺めながら、新鮮な牛乳で作ったジェラートを食べる…のんびりとした時が過ごせそうだ。

「牧場すみっこマルシェ」など、牧場の敷地内で楽しいイベントを開催する予定です。牛さんクイズや搾乳体験、マルシェなど、家族みんなで楽しんでいただけるイベントです。開催情報はインスタにアップしますのでチェックしてくだいね！

1.＜ホワイトベース＞に国産きなこと黒蜜を混ぜ、最後に黒蜜をかけた「黒蜜きなこ（シングル）」（490円）。フルーツやナタデココの食感が楽しい「パイン＆パッションフルーツ」（600円・ジェラートとセットで平日限定 50円引）と一緒に　2.店内は窓の外の牧場の景色と同化していて落ち着く空間。奥の薪ストーブの席は季節を問わず人気

3.牧場の濃厚なミルクを使った「カフェラテ」（520円）に、380円追加して濃厚な味わいの「ミルク」を乗せて「フロート」に　4.目の前には出産を控えた母牛と仔牛たちが草を食む牧歌的な風景が広がる

TEL.048-501-6264

熊谷市間々田 31-12

【営業時間】11:00〜18:00
【定休日】水曜・木曜（不定休あ
り インスタで確認）
【席数】52席
【アクセス】JR高崎線「籠原」北
口からタクシーで約15分、また
は熊谷ゆうゆうバス「籠原駅北
口」から「妻沼行政センター」乗
車、「あじさい寺（能護寺）」下車、
徒歩約2分
【予約】不可
【駐車場】20台
【Instagram】@bluebamboofarm

【詳細情報】

おすすめメニュー 税込

●ジェラート　スモール 440
円　シングル 490 円　ダブ
ル 600 円　トリプル 710 円
●アフォガード 600 円
●アイスコーヒー 380 円
●台湾レモンフルーツティー
600 円
●ブレンドコーヒー 360 円
●ホット抹茶ラテ 490 円
●クラムチャウダー 550 円
など

美味な土鍋のごはんのお米で、
日本全国を旅できる和風民家カフェ

SUZUKIYA
スズキヤ

二本松通りから少し入った住宅街に 2021 年にオープンした、槙（まき）の木と立派な日本家屋が目印の「SUZUKIYA」。

一汁三菜の定食のテーマは＜日本をお米で旅する＞。「全国のおいしいお米を味わってもらうため、ブランド米を土鍋で炊いて出しています」とや主の鈴木さん。土鍋で炊いたふっくらごはんは、出汁のきいた味噌汁や地元野菜や国産素材にこだわった、や主自慢の手作り主菜、副菜によく合う。また、カフェメニューも手作り焼き菓子やアイスクリームなども充実。食後はぜひ、網代張（あじろばり）の天井や雪見障子、縁側など日本家屋ならでは意匠を愛でながら、まったりとおいしい食事の余韻を楽しんでほしい。

from cafe

SUZUKIYA という空間を、いろいろな形で活かしていける場にしたいと思っています。なので、老若男女問わずに楽しめる体験型ワークショップやマルシェなど、楽しいイベントをどんどん行うつもり。インスタに情報をアップするので、来てくださいね！

1.おすすめの「お肉とお魚の合い盛り定食」（1680円）は、ジャマイカ料理「ジャークチキン」と「ぶりのもろみ漬け」。土鍋炊きごはんは北海道産「ふっくりんこ」。食事とセットでドリンク50円引に　2.しっとり食感の「きび糖チーズケーキ」（500円）と「水出しアイスコーヒー」（480円 セットで50円引）　3.壁の絵は、1周年の壁画ワークショップで子ども達も一緒に描いたもの

 LUNCH　 PET　 CARD　 Pay 電子マネー スマホ決済　paypay のみ　 TAKEOUT　 WiFi

TEL.0495-71-7914
本庄市朝日町 2-3-62

【営業時間】9:30〜18:00
【定休日】月曜（不定休あり イ
ンスタで確認）
【席数】22席
【アクセス】JR「本庄」南口から
徒歩約15分
【予約】可（電話またはインスタ
で）
【駐車場】5台
【Instagram】@sin40suzuki

【詳細情報】

おすすめメニュー 税込

● ランチ定食 (お魚または
お肉)1080 円
● おにぎり 180 円〜
● 濃厚チョコケーキ
500 円
● 焼き菓子 220 円〜
● SUZUKIYA ブランドコー
ヒー 480 円
● SUZUKIYA アイスミルク
ティ 580 円　など

すばらしい場所
Mahora と呼ばれる自然豊かな里山で
玄米菜食のオーガニックランチを味わう

Mahora 稲穂山 里カフェ

マホラ　いなほやま　さとかふぇ

皆野町の有料道路入口の近くにあるムクゲの花の名所が、2021年に「リトリートフィールド Mahora 稲穂山」と名前を変え、同じ施設内に「里カフェ」をオープンさせた。

「作り置きをせず、調味料から手作りする手間を惜しまない、体にやさしい料理」と管理栄養士で料理長でもある店長の松岡さん。

カフェでは、動物性素材を使わず、秩父の農家や園内の無農薬野菜を使った、栄養たっぷりで目でも楽しめる玄米菜食の月替わりランチを提供。また、果物の甘みや自家製甘酒などを使ったスイーツや園内で採れたハーブのお茶なども人気だ。＜体が喜ぶ食事＞の後は、自然を五感で体感しに散策するのもいい。

1.秩父産無農薬野菜をたっぷり使った、野菜の旨みと甘みで体が喜ぶやさしい味わいの「酵素玄米菜食ごはん」（1800円）は、数量限定なので予約がおすすめ！セットドリンクは「三年番茶」（＋200円） 2.展望エリアは、秩父盆地を一望できる絶景ポイント 3.スイーツは、動物性・白砂糖不使用の「おとうふのチーズケーキ」（500円）。セットドリンクは秩父産メープルシロップを使った「メープルコーヒー」（700円）

TEL.0494-26-7401
秩父郡皆野町皆野 4048-1

【営業時間】11:00〜16:30
【定休日】火曜・水曜・木曜
【席数】36席
【アクセス】秩父鉄道「皆野」から徒歩約15分
【予約】可（電話のみ・ランチ予約推奨）
【駐車場】10台
【Instagram】@satocafe_mahora

【詳細情報】

おすすめメニュー 税込

●酵素玄米のおにぎりセット 600円
●季節のシフォンケーキ 500円〜
●クランベリー入りガトーショコラ 500円
●メープル紅茶 700円
●クロモジ茶 500円
●ハーブティー（ポット）500円
●桑の実サワースカッシュ 450円　など

 LUNCH　 PET テラス席のみ　 CARD　 電子マネースマホ決済 paypayのみ　 TAKEOUT　WiFi

稲穂山と名づけた山全体に、ムクゲと秩父紅の群生、キャンプ場や森の美術館など、自然を五感で感じていただける施設が点在しています。とくに展望エリアからの秩父盆地の景観（写真2）はおすすめ！＜絶景ブランコ＞に乗って景色を堪能してください

丘陵や田園風景を楽しみながら作ったパンを
同じ風景を見ながら食べる至福の時間を

そのつもり
そのつもり

2019年に「森の中で自家製酵母パンを作りたい」と丘陵や田園風景の美しい鳩山へ移転した「そのつもり」。2023年夏にパン工房と店舗スペースをリニューアル。店舗が広くなった分、カフェスペースが少し狭くなったが「山の麓の高台に風や季節の香りを感じられる席をご用意しました」と店主夫妻。

パンは有機レーズン、ヨーグルト、りんごなどを使った自家製酵母と無農薬ライ麦のライサワーなどで作るこだわりのパン。キッシュやサンドイッチなどに使う野菜は、自家製無農薬野菜と近隣の無農薬野菜。鳩山の自然を眺めて心豊かに作ったパンを同じ景色を眺めて食べる、豊かな時間を楽しみたい。

3. 2023年夏にパン工房と一緒にリノベーションした店舗で20種以上のパンやスイーツが並ぶ光景はヨーロッパのパン屋さんのようでとってもオシャレ

1.カフェスペースで「コーヒー」（380円）と「季節のピクルス」（150円）を注文。店舗で「ポテトサンド」（450円）と自家製トマトソースと無農薬野菜のピザ」（380円）を購入　2.ヨーグルト酵母を使った生地に有機ビターチョコと有機マーマレードを合わせた「チョコレートケーキ」（440円）と無農薬の「アールグレイ」（350円）

TEL.049-296-5760
比企郡鳩山町高野倉 435-1

【営業時間】12:00〜17:00（冬季11:00〜16:00）
【定休日】月曜・火曜・水曜・木曜
【席数】8席
【アクセス】JR八高線「明覚」からタクシー約5分
【予約】不可
【駐車場】14台（第2駐車場200m先）

【詳細情報】

 税込

おすすめメニュー

● おまかせパンのスライスセット 600円〜
● 季節のサラダ 400円
● 季節のピクルス 150円
● パンのおともディップ 200円
● マサラチャイ 550円
● 梅ソーダ　450円　など

＊外の席はテイクアウトと同価格

 LUNCH　 PET　テラス席のみ　 CARD　 電子マネー スマホ決済　 TAKEOUT　 WiFi

from cafe

カフェスペースのご利用
は＜お一人様ワンドリン
クオーダー制＞になりま
した。パンやスイーツ
は店舗で購入していただ
き、ドリンクや小さなデ
リなどは、お席でご注文
していただけます

「毎日がワクワク！」を体感できる、
シェアキッチンカフェ

SUNNY food works
サニー フード ワークス

　高齢者や子どもが多い北坂戸エリアを「＜食＞で盛り上げよう！」と2022年にオープンした「SUNNY food works」。このカフェがほかと違うのが「シェアキッチン」だということ。

　店内を隣の公園の緑や木をイメージしながら「みんなで協力して作り上げた」というこのカフェでは、子育て中の主婦でも月1度のペースで出店できるとあって、現在7店が出店中。この日は、土鍋ごはんと地元農家が作る野菜をたっぷり使った定食が人気の「にちりん食堂」と、パフェみたいな小箱トライフルの「Pokke」（火曜出店）が営業中だった。お気に入りの店を見つけて通うもよし、毎日違う料理やスイーツを楽しむのもよし…カフェの楽しみ方が広がりそうだ。

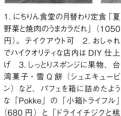

1. にちりん食堂の月替わり定食「夏野菜と焼肉のうまカラだれ」（1050円）。テイクアウト可　2. おしゃれでハイクオリティな店内はDIY仕上げ　3. しっとりスポンジに果物、台湾菓子・雪Q餅（シュエキュービン）など、パフェを箱に詰めたような「Pokke」の「小箱トライフル」（680円）と「ドライイチジクと桃の杏仁豆腐」（550円）。

from cafe

世界の料理、おむすびと惣菜、スパイスカレー、ヴィーガンおやつ、ベーグルなどのお店が出店中。出店日はインスタで確認を。出店者も募集してま〜す。　また、毎月第1日曜はマーケットも開催、遊びに来てね！

 LUNCH　 PET テラス席のみ　 CARD　 Pay 電子マネー スマホ決済　PayPayのみ　 TAKEOUT　 WiFi

TEL.049-270-5445
坂戸市芦山町 10-1

【営業時間】11:00〜16:00（出店者・営業時間はインスタで確認）
【定休日】日曜・月曜（不定休ありインスタで確認）
【席数】31席
【アクセス】東武東上線「北坂戸」東口から徒歩約5分
【予約】可（電話またはインスタで）
【駐車場】5台（店裏に駐車場有）
【Instagram】@sunny_foodworks

【詳細情報】

おすすめメニュー 税込

＜にちりん食堂＞
●定食 990 円〜（ドリンク注文は 100 円引に）
●コーヒー 400 円
●カフェラテ 450 円
●さかどハニーティー 480 円
●チーズケーキ 400 円
など
＜ Pokke ＞
●トライフル各種 680 円
など

里山の美しい景色とノスタルジックな分校の風景を眺めながら
有機野菜たっぷりのオーガニック・ランチを堪能する

分校カフェ MOZART

ぶんこうかふぇ モザート

昭和39年に建てられたノスタルジックな木造校舎が残る＜小川小学校旧下里分校＞。そこに併設する「分校カフェMOZART」。2020年に有機野菜中心のオーガニック・カフェとしてリニューアルオープンした。

「お肉を一切使わず、有機農家さんたちの野菜を工夫して調理し、おいしさを凝縮しています」とフードスタイリストでもある店主・有賀さん。スイーツも卵・乳製品・小麦粉・砂糖不使用のRawケーキなどを用意。"学校給食"を思い出す銀色のプレートに気分が高まり、ヘルシーなスイーツで幸せ気分。さらに分校の佇まいと里山に癒される…至福のエッセンスがいっぱいのカフェだ。

3. 2011年に廃校となった小川小学校旧下里分校を、2018年に無料休憩所、交流スペース、カフェとして再活用することに。自然豊かな里山の癒し、ノスタルジックな木造校舎…日本の原風景を思わせる風景に魅了されて訪れる人が絶えない。カフェスペースは元用務員室

1.給食風プレートが懐かしい「日替わり下里定食」（スープ・ドリンク付1450円）は、季節のお惣菜7〜10種がつくボリューム。少食向けに少なめの定食あり 2.オーガニックの「まるごと人参ジュース」（500円）と天然酵母パンに青山在来大豆のきなこ、きび糖をたっぷりまぶした「有機きな粉の揚げパン」（400円）

TEL.0493-81-3015

比企郡小川町下里824

【営業時間】11:00〜16:00
【定休日】金曜
【席数】40席
【アクセス】東武東上線「小川町」から川越観光・バス「小川パークヒル」乗車、「下里」下車、徒歩約11分
【予約】可（電話またはインスタで）
【駐車場】10台
【Instagram】@mozart_ogawa

【詳細情報】

旧小川小学校 下里分校
分校カフェ MOZART

おすすめメニュー

税込

●平飼い卵サンド定食 1300円
●有機きなこ揚げパン定食 1200円
●日替わりキッズプレート 550円
●おむすび 250円
●Rawケーキ＆ドリンクセット 1000円
●オーガニックコーヒー 500円
●伝説のジンジャエール 500円　など

LUNCH 　PET テラス席のみ 　CARD 　Pay 電子マネー スマホ決済 　TAKEOUT 　WiFi

　カフェは＜元用務員棟＞。お風呂後や給食の受け渡し窓などが残っています。月一回「下里分光見学ツアー」（揚げパン給食付・3500円）を開催。詳細は＠bunkou117で確認を！

苔庭に癒される和カフェで、スパイシーなカレーと
オリジナルの発酵スイーツをいただく

咖喱と甘味 ここか

かれーとかんみ　ここか

　渓谷や城跡などがあり、京都の嵐山にたとえられる武蔵
嵐山。その住宅街の一角に立派な門構えの「咖喱と甘味 こ
こか」がある。築40年の実家の＜居間・台所・ダイニング
＞を改装したカフェの店内は、天井が高く、落ち着いていて
心地よい空間。大きな窓からは美しい苔を配した日本庭園が
臨め、四季の移ろいを感じることができる。

　長時間煮込んだオリジナルカレーは、豊かなスパイスの香
りの逸品。発酵食品を使ったオリジナリティ溢れる惣菜やス
イーツはやさしい味わいだ。庭を見ながらおいしいランチを
食べた後は、その余韻を楽しみながら歴史と自然豊かな武蔵
嵐山を散策してみてはいかがだろう。

from cafe

父が京都の庭園をイメー
ジし、こだわって造らせ
た庭。とくに京都のよう
な風情のなか、春は花々、
夏の緑、秋の紅葉が庭を
彩ります。なかでも梅雨
時の雨の日の苔たちの表
情はステキです。庭を眺
めてゆっくり寛いでくだ
さいね

1. 惣菜3種、ピクルス、ドリンクがついた「骨付きチキンコンフィと自家
製惣菜のカレープレート」（1800円）。スプーンでほぐれるチキンに感
激！＋100円で注文できるランチドリンク「自家製レモネード」は食後
にピッタリ！ 2. 14時以降は酒粕の甘味とコクが濃い「酒粕のブラマン
ジェ」（380円）と「甘酒のスムージー（ベリーベリー）」（660円 セッ
ト100円引）がおすすめ。3. 訪れる人を癒す、自慢のお庭

TEL.0493-62-5454

比企郡嵐山町菅谷 819-2

【営業時間】11：00〜17：00
（カフェ 14：00〜） 金11：00〜
15：00
【定休日】月曜・火曜
【席数】24席
【アクセス】東武東上線「武蔵
嵐山」西口から徒歩で約15分、
イーグルバス「武蔵嵐山駅・西
口」から「と01」乗車、「菅谷学
校」下車、徒歩約6分
【予約】可（電話のみ）
【駐車場】12台
【Instagram】@kokoka_ranzan

【詳細情報】

おすすめメニュー　税込

● 自家製惣菜たっぷりのこ
こかカレープレート（ドリン
ク付）1180 円
● 黒カレー＆ここかカレー
あいかけカレープレート（ド
リンク付）1280 円
● 塩麹クリーム香る抹茶バ
バロア 380 円
● ダブルチーズケーキ 580 円
● 自家製チャイ 550 円　など

TEL.049-227-9133

川越市連雀町 32-1

【営業時間】10:30〜16:00 土・日・祝10:30〜18:00

【定休日】不定休(インスタで確認)

【席数】20席

【アクセス】東武東上線「川越市」より徒歩15分 西武新宿線「本川越」東口より徒歩10分

【予約】可(電話のみ)

【駐車場】川越商工会議所・駐車場(1時間のサービス券提供)

【Instagram】@yururicafe

【詳細情報】

おすすめメニュー　税込

- ●店長の気まぐれ5種プレート 1210 円
- ●ランチ(〜15:00)数量限定ローストビーフごはん 1485 円
- ●贅沢プレート 2035 円
- ●3種のベリーと生チョコを添えた濃厚レアチーズケーキ 660 円
- ●宇治茶(お茶菓子付)550 円
- ●ビネガードリンク 550 円 など

 LUNCH　 PET　 CARD　 Pay 電子マネー スマホ決済　 TAKEOUT　 WiFi

小京都・川越の一軒家カフェの
滋味深い食事で「ゆるり」とした時間を過ごす

きょうのごはん ゆるりCafe

きょうのごはん ゆるりカフェ

　川越の古刹・蓮馨寺（れんけいじ）の裏路地にある、人気の一軒家カフェ「きょうのごはん ゆるり Cafe」。＜京都のおばんざい中心の今日のごはん＞をテーマにした食事は、＜野菜たっぷり・健康・安心・ストレスフリーな食事＞がコンセプト。

　無添加の調味料、素材の本来の味わいを活かす調理法はもちろん、栄養効果を上げる食材の組み合わせなど、2019年のオープン以来、その料理は進化し続け、1日の野菜が摂れる「お野菜プレート」は＜埼玉県健康づくり協会の認定メニュー＞にも選ばれた。京丹波産大豆と国産大豆を使った、出来立て自家製きなこアイス「ジェナーコ」は不動の人気。小京都で味わう、"ゆるり"としたおいしい時間がここにはある。

1. 川越の老舗八百屋から毎朝届く、新鮮な旬の野菜をたっぷり使った「お野菜プレート（雑穀米・汁物）」（1815円）は、埼玉県健康づくり協会認定メニュー（＋330円〜でドリンク付、＋660円〜ドリンク＆スイーツ付）　2. 京都丹波産と国産大豆を皮ごと使ったきなことなめらかなジェラートのコラボ「ジェナーコ」（539円）は、毎回作り立てを提供。ドリンクセットは935円　3. 気さくな店主に料理のことや川越のことを気軽に聞けるのは、オープンキッチンのカウンター席ならでは

秩父産食材を使った体にやさしいランチやスイーツ、
オーガニックハーブティーが味わえる隠れ家カフェ

とっくのまっく
とっくのまっく

　時がゆっくりと流れる秩父・横瀬町。オーナーの高埜さんが「緑の香りのする、自然豊かな秩父をたくさんの人に知ってほしい」と、2023年にオープン。店名の「とっくのまっく」は、『ずっと前に』という意味の秩父弁。

　メニューのこだわりは、＜秩父産食材を使って体にやさしいマクロビの食事＞。秩父産の野菜、そば粉や牛乳、紅茶、醤油などに至るまで秩父産を使ったメニューが揃う。リーズナブルな＜美・腸活モーニング＞は、散歩やジョギングをする地元の人の週末ルーティンになっているとか。自家製のあんこやそば粉を使ったスイーツも絶品。場所がちょっとわかりにくい、週末のみオープンの隠れ家カフェ。行ってみる価値はある。

2.芯からポカポカするブレンドハーブティー「リラックス」（500円）。そば粉の香り豊かな「秩父産そば粉のワッフル」（780円ドリンク100円引）と横瀬産の「紅茶」（500円）3.テラス席でゆったりと

1.限定15食の「マクロビカレーと野菜のせいろ蒸し」（980円 ドリンク100円引）は、秩父産の野菜たっぷりのカレーとせいろ蒸しで体ポカポカ腸活ランチ！

 LUNCH PET CARD  Pay 電子マネー スマホ決済 paypay のみ TAKEOUT WiFi

TEL.0494-53-9070
秩父郡横瀬町横瀬 811-1

【営業時間】8:00～17:00
【定休日】月曜～金曜 （1～2月
冬季休業）
【席数】15席
【アクセス】西武秩父線「横瀬」
から徒歩約25分　西武観光バ
ス「秩父まつり会館」から「長渕」
乗車、「根古屋」下車、徒歩約7分
【予約】可（電話または二次元
バーコードからLINE 公式アカ
ウント＜お問い合わせ＞で）
【駐車場】6台

【詳細情報】

おすすめメニュー 税込

●モーニング（～ 10:00）
美・腸活スープセット 600 円
●季節のミニパフェ 750 円
●自家製クリームあんみつ
850 円
●ブレンドハーブティー
（6 種）500 円
●横瀬の紅茶 500 円
●大平戸農園 ゆずジュース
320 円
●秩父の牛乳 250 円 など

川と木々に囲まれた上長瀞のカフェで、
コーヒーを片手に心安らぐひとときを

Greenfarm coffee & supply

グリーンファーム　コーヒー　アンド　サプライ

　＜県立自然の博物館＞を左に、右に＜月の石もみじ公園＞を見ながら歩くと、左に「Greenfarm coffee & supply」の看板とカフェに続く階段が見えてくる。テラス席とコーヒースタンドがオシャレに配置されたカフェでは、スウェーデンの＜ GRINGO Nordic Coffee Roasters ＞で丁寧に焙煎されたフルーティですっきりした浅煎りのスペシャルティコーヒーと、コーヒーに合うサンドイッチ、グラノーラヨーグルトなどを提供している。

　上長瀞の自然に包まれながら、コーヒーインストラクターの資格を持ち、バリスタとして活躍していた店主・東森さんが丁寧に淹れてくれるコーヒーをゆっくりと味わいたい。

1. クルミパンにハムとにんじん、アボカド、トマトを挟んだボリューミーな「武州豚のハムとたっぷり野菜のサンドイッチ」とシトラス風味の「エチオピア・シャキソ」をセットで（1350円）
2. 秩父・富田農園の旬の桃を使った季節限定の「ピーチグラノーラヨーグルト」（800円）はアガベシロップをトッピング。桃のコンポートとシロップ、オレンジジュースをブレンドした「オリジナルファジーネーブル」（600円）はとろける桃が美味

3. 階段を上ると、テラス席のおしゃれなカフェが現れる

from cafe

上長瀞は自然豊かなところです。春は新緑、夏は近くの荒川で川遊び、秋は紅葉、冬は…寒いながらに楽しい（笑）。上長瀞の季節に合わせた北欧コーヒーとサンドイッチなどをご用意してお待ちしています。

 LUNCH　 PET　 CARD　 電子マネー スマホ決済　 TAKEOUT　 WiFi

TEL. 非公開
秩父郡長瀞町長瀞 946-1

【営業時間】11:00〜17:00(季
節で変更あり インスタで確認)
【定休日】不定休(インスタで確
認)
【席数】16席
【アクセス】秩父鉄道「上長瀞」
から徒歩約7分
【予約】可(インスタで)
【駐車場】無(近隣にコインパー
キング有)
【Instagram】@greenfarmcs

【詳細情報】

おすすめメニュー 税込

●ガーリックシュリンプとア
ボカドのサンドイッチ 950 円
●お好きなコーヒーとサンド
イッチのセット 1350 円
●ハンドドリップコーヒー
500 円
●カフェラテ 500 円
●レモネード 450 円
●季節のスムージー 750 円
など

Legend Cafe

埼玉カフェスタッフが
もう一度行きたい！

心にのこる
あのカフェたち

ギャラリィ&カフェ 山猫軒

ぎゃらりぃ アンド かふぇ やまねこけん

コーヒーを片手に武蔵の自然とアート楽しむ……
贅沢な時が過ごせる、魅力あふれるギャラリィ&カフェ

「空気と水のきれいな所で暮らしたい」と埼玉・越生の森にオープンした「ギャラリィ＆カフェ山猫軒」。1989年に伝統工法セルフビルドで2代目「山猫軒」を建て、移転。今年で36年目を迎えた＜ギャラリィ＆カフェ＞の草分け的存在だ。奥武蔵の山々の緑を間近に望めるテラス席、著名な芸術家たちの作品が展示されている広い店内では、自然にこだわり、無農薬有機栽培の米や野菜を使用したカレーや天然酵母生地のピザなどがいただける。

建物、敷地や店内にある作品と自然が一つになり、見応えのある＜美術館＞のよう。森に抱かれたこのカフェは、何度訪れても、時間を忘れさせてくれる不思議な魅力がある場所だ。

1.濃厚な味わいの「クリームチーズケーキ」（500円）とフレンチタイプで飲みやすい「エスプレッソ（ダブル）」（550円）をセット（100円引）で　2.注文が入ってから国産地粉と天然酵母の生地で作るピッツァ「マルガリータ（10インチ・2人分）」（1950円）は、「シードル」（500円）と一緒にテラス席で味わいたい　3.滋賀県の図書館から新しく山猫軒に仲間入りした、土台の本や文字盤の人形が陶器の＜日時計＞　4.天井やテラス側の窓から、柔らかな陽射しが差し込み店内を明るく彩る

TEL.049-292-3981
入間郡越生町龍ヶ谷 137-5

【営業時間】11:00〜19:00
【定休日】月〜金曜（祝日営業）
【席数】40席
【アクセス】JR八高線「越生」からタクシー約15分
【予約】不可
【駐車場】15台
【Instagram】@yamaneko_ogose

【詳細情報】

 税込

おすすめメニュー

● 古代野菜米カレー 1200 円
● カンパーニュカレー 1200 円
● ラムチーズケーキ 500 円
● あずきエスプレッソ 600 円
● カプチーノ 600 円
● ハーブティ 550 円
● 紅茶 550 円
● 賢治のおススメサイダー 500 円　など

from cafe

　月1でライブを行っています。また、2018 年に＜ワイルドキャット（山猫）レーベル＞を立ち上げ、クラシックの歌手が歌う越生のご当地ソングやジャズなど、7 枚の CD を制作。興味のある方は、インスタでご確認くださいね

LUNCH　　PET テラス席のみ　　CARD　　Pay 電子マネースマホ決済　　TAKEOUT　　WiFi

cafe uwaito
カフェ ウワイト

完成度の高いラテアート、濃厚卵のオムライス…
おいしいカフェ時間を過ごす

2013年、ラテアートで有名な移動カフェ「Hidari Pocket」が実店舗「cafe uwaito」をオープン。瞬く間に、浦和の人気カフェになった。

まだラテアートを描くカフェの少ないなか、注文した人のイメージで描く完成度の高いラテアートに驚かされた。雑誌の表紙を飾ったその腕前は、今も健在。その後、濃厚で美味な卵を使ったプリンやオムライスが評判になり、季節のフルーツをたっぷり使ったスイーツも人気リストに加わった。

2024年には、浦和・常磐へ移転するが、それまでは旧の「cafe uwaito」を惜しみながら、新の「cafe uwaito」に期待しながらカフェ時間を楽しみたい。

from cafe

11月に移転先（浦和・常磐）が先行オープンします。来年3月までは、旧・新店舗の双方を営業する予定です。この期間、旧・新のuwaitoをお楽しみくださいね。移転先の情報はインスタで！

1. アンティクレトロな店内
2. 季節のスイーツ「紫陽花タルト」（1000円）とゼリーで紫陽花を表現した「紫陽花ソーダ」（750円） 3. 濃厚卵の人気ランチ「オムライス（プレーン）」（1200円 ＋350円でドリンク付）。完成度の高い「カフェラテ」のラテアートには毎回驚かされる

TEL.048-711-5870
さいたま市浦和区岸町4-2-18
【営業時間】11:00-18:00
（ランチ～14:30）
【定休日】木曜
【席数】30席
【アクセス】JR「浦和駅」西口から徒歩約5分
【予約】可（インスタで）
【駐車場】無（近隣にコインパーキング有）
【Instagram】@cafe_uwaito

【詳細情報】

おすすめメニュー　税込

●ランチ（～14：30）オムライス（チーズ）1250円（ドリンクセット＋350円）
●季節のタルト 850円～
●塩キャラメルの特製プリン 800円
●カフェラテ 550円
●いちご紅茶 550円
●フレーバーカフェラテ 600円　など

 LUNCH PET CARD Pay 電子マネー paypay スマホ決済 のみ TAKEOUT WiFi

木と土と石が協奏曲を奏でる空間で、
至福の時を過ごす

今やギャラリーカフェの草分けとして名高いこの店が「物づくりの作家たちに発表の場を…」と築180年の農家の納屋を改装し、オープンしたのは1993年。店内に入るとオープン当時と変わらず、大きな窓越しに緑の木々が出迎えてくれる。店内は、土壁、大きな梁、優しい風合いの大谷石の床、これらと相性のいい作品たちが、まるで協奏曲を奏でているかのよう。

地元の野菜を中心に手間暇かけて調理した食事、体に優しいスイーツや天然酵母のパンはどれもホッとして笑みがこぼれる滋味深い味わい。日常から少し離れた空間で、ゆったりとした時間を過ごしてみてはいかがだろうか。

1. 大豆ミートとたっぷり野菜の「和風タコライス」(1210円)。いりこ出汁の味噌汁付き
2. 大谷石と土壁で設えたギャラリーは2週間ごとに展示が変わる　3. 2種類の濃厚クリームチーズを使った温々定番 te.to.te の「チーズケーキ」(550円)。一緒にコーヒーを注文すると110円引きに。スイーツは、食事か飲み物と合わせて注文を

TEL.048-686-3620
さいたま市見沼区丸ヶ崎1856

【営業時間】10:30〜20:00
【定休日】月曜日(祝日の場合は翌日)
【席数】32席
【アクセス】JR宇都宮線「東大宮」東口からタクシー10分、または「東大宮」東口からバス「アーバンみらい」乗車、「ファミリータウン入口」下車 徒歩約4分
【予約】可(電話のみ)
【駐車場】20台

【詳細情報】

おすすめメニュー
税込

●ランチ(11:30〜15:00)
雑穀米膳　1430円　パンプレート　1430円
●ベジタブルカレー　1210円
●Breakfast(土・日限定)935円
●チョコレートケーキ　495円
●季節のロールケーキ　594円
●三年番茶(梅干し添え)550円　など

 LUNCH PET CARD 電子マネー スマホ決済 TAKEOUT スイーツのみ WiFi

食堂カフェ COUCOU
しょくどうかふぇ　ククウ

バラエティ豊富なパンケーキ、野菜たっぷりのランチ…
おいしい笑顔があふれるカフェ

from cafe

姉妹店「SUNNY food works」で地元農家さんの規格外野菜を使った無添加の「採れたて地元野菜のドレッシング」（写真3）を作りました。1シーズンごとに旬の野菜を使って4〜5種類を販売予定。ネット購入もできますよ！

「地域に根づいたカフェ」を目指して2011年にオープンした「食堂カフェCOUCOU」。「基本は家庭料理」とオーナーの小嶋さん。COUCOUの代名詞の食事系、スイーツ系の「パンケーキ」は、国産薄力粉・黒米粉・全粒粉・ライ麦粉の生地を使った、冷めてもフワフワで素朴な味わい。人気のハンバーグをはじめとするカフェごはんは、近隣の農家が育てた有機・無農薬野菜を無添加の調味料で調理した、食の安心・安全にこだわったもの。

白壁とペパーミントグリーンの爽やかな店内には、食事を楽しむ地域の人が集う。おいしい笑顔のあふれるカフェは、何度訪れても、お腹も心も満たされる場所だ。

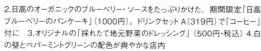

1.じっくり炒めた玉ねぎ、坂戸産葉酸卵などで作る自慢のハンバーグと地元野菜たっぷりの「夏野菜のラタツゥイユハンバーグ（スープ・サラダ・小鉢付）」（1319円）。お得なドリンクセットB（410円））の「ラズベリー＆クランベリーティー」（600円）と

2.日高のオーガニックのブルーベリー・ソースをたっぷりかけた、期間限定「日高ブルーベリーのパンケーキ」（1000円）。ドリンクセットA（319円）で「コーヒー」付に　3.オリジナルの「採れたて地元野菜のドレッシング」（500円・税込）4.白の壁とペパーミントグリーンの配色が爽やかな店内

TEL.049-298-4910
坂戸市にっさい花みず木5-6-7
【営業時間】11:00〜16:00
【定休日】月曜
【席数】21席
【アクセス】東武東上線「北坂戸」西口から川越観光・バス「坂戸ニューシティにっさい循環線・入り西団地」乗車、「堀込」下車、徒歩約1分
【予約】可（電話またはインスタで）
【駐車場】6台
【Instagram】@coucou_pic

【詳細情報】

おすすめメニュー　税別
●パンケーキとキッシュのランチプレート 1136円
●チーズデミグラスハンバーグ 1364円
●チョコバナナパンケーキ 955円
●ハニーバターパンケーキ 682円
●カプチーノ 454円
●ハーブフルーツティ 556円　など

OIMO cafe
オイモ カフェ

訪れるたび独創的で新しいお芋スイーツや
野菜たっぷりランチに出合えるカフェ

立派な並木が続く〈いも街道〉の一角。300年以上前から続く〈むさし野自然農場〉の10代目・武田さんが「さつま芋や野菜を買いに来てくれる方たちにコーヒーの一杯でも」と2013年オープンさせた「OIMO cafe」。

収穫したての野菜や12、13種類のさつま芋、それぞれの特色を活かした独創的な新メニューが、年に8種類登場する。また、ハンドドリップにこだわったコーヒーは、さつま芋に合うよう豆から選定。このカフェが人々を惹きつける秘密は「おいしいお芋＆野菜料理を」という、この熱意！次はどんな料理やスイーツと出合えるのか…期待が膨らむこと間違いない。

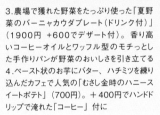

3.農場で獲れた野菜をたっぷり使った「夏野菜のバーニャカウダプレート（ドリンク付）」（1900円 ＋600でデザート付）。香り高いコーヒーオイルとワッフル型のモチっとした手作りパンが野菜のおいしさを引き立てる 4.ペースト状のお芋にバター、ハチミツを練り込んだカフェで人気の「むさし金時のハニースイートポテト」（700円）。＋400円でハンドドリップで淹れた「コーヒー」付に

1.「ゆったりと寛いでほしい」と座り心地のよい家具を配置　2.農場で収穫されたお芋たちは、店頭でも購入できる

TEL.090-2729-5236
入間郡三芳町大字上富287

【営業時間】11:00-18:00
【定休日】月曜・火曜（祝日営業不定休あり）
【席数】28席
【アクセス】東武東上線「ふじみ野」西口からタクシー約15分、または東武東上線「上福岡」北口・西武バス「上福岡駅」から「大34」乗車、「上富」下車、徒歩約2分
【予約】可（予約推奨・電話のみ）
【駐車場】10台
【Instagram】@oimocafe6340

【詳細情報】

税込
おすすめメニュー

● OIMO cafe のシーフードグリーンカレー（ドリンク付）1800円
●冷やし焼きいも 600円
●デザートセット 1100円
●本日のコーヒー 500円
●カフェラテ 600円
●紅茶 500円
●煎茶 500円　など

 LUNCH　 PET　テラス席のみ　 CARD　 電子マネースマホ決済　 TAKEOUT　WiFi

奥武蔵の自然の移ろいに癒されながら
石窯で焼いた天然酵母パンのランチを楽しむ

杉戸を開けると、奥武蔵の自然の囲まれた広々としたテラス席が現れる。このテラス席に併設されたパン工房では、石窯に広葉樹の薪を焚べ、500℃以上の火を熾し、自家製酵母生地のカンパーニュやピタパンなど、人気の＜薪石窯パン＞を焼き上げる。

カフェでは、動物性（卵、乳製品など）や砂糖を使わず、国産小麦を使ったパンやスイーツ、ランチには地場野菜をたっぷり使った薪石窯パンの「サンドイッチプレート」や「薪石窯ピザ」（土日祝限定）、「チキンドライカレー」などが食べられる。高麗川の渓流のせらぎを聴き、奥武蔵の自然を感じながら、非日常を味わう気分を、このカフェで体感してほしい。

1. 日月堂の天然酵母のカンパーニュにハーブで味をつけたチキンと地元の新鮮野菜を挟んだ「国産ハーブチキンとモッツアレラチーズのサンドイッチ」（1430円）は、サイドディッシュとピクルスがついてボリュームタップり。ドリンクは「日月堂コーヒー」（500円）

4. 冬は暖炉に火が入り、木の温もりが心地よい店内の席もおすすめだ

2. オレンジピールの香りが爽やかなクルミの入った「パウンドケーキ」（450円）、＋450円で「アイスティー」をドリンクセットで　3. 自ら薪を拾い、石窯で焼き上げる日月堂の＜石窯焼き天然酵母パン＞。パンだけを買いに訪れる人も多い（オンラインでも購入可）

TEL.042-981-6598
日高市高麗本郷 729-1

【営業時間】11:30～16:30
土・日・祝～17:00
【定休日】火曜・水曜
【席数】48席
【アクセス】西武秩父線「高麗」
から徒歩約15分
【予約】可（電話または二次元バーコード＜お問い合わせ＞から）
【駐車場】6台（土・日・祝のみ30台）
【Instagram】
@cafenichigetsudo

【詳細情報】

おすすめメニュー　税込

● 薪石窯ピザ
（土日祝11:30～13:45限定）
1480円～
● 薪石窯焼きピタパンプレート 1250円・1300円
● ベイクドチーズケーキ 450円
● 日月堂コーヒー 500円
● ロイヤルミルクティー 580円　など

 LUNCH　 PET テラス席のみ　 CARD　 電子マネースマホ決済　 TAKEOUT　 WiFi

ffee & co. coffee shop

フィー アンド コー コーヒーショップ

悠揚たる異国のカフェのような雰囲気のなかで、
至極の珈琲と大人スイーツに巡り合う

移動販売店「joyce cafe」から実店舗をオープンさせたのは、2016年。それ以来シックで落ち着いた店内で、ゆったりとコーヒーを味わいたいと遠方から訪れる人も多い。

挽いた自家焙煎の豆をお湯に浸し、ネルドリップで漉す＼浸漬式∨で淹れるコーヒーは、豆本来の旨味や味わいを引き出す。毎日焙煎する豆の種類はエスプレッソを中心に全6種類。シンプルだが、丁寧に作られたスイーツや近隣農家の新鮮野菜、cimai のパンを使った食事メニューは、味わい深い珈琲とよく合う。

豆本来の味わいを楽しむ珈琲とその珈琲と楽しむスイーツ＆食事、長〜く通いたいカフェだ。

from cafe

珈琲は原産国から、より良いものを選んでご提供させていただいております。珈琲豆の販売（100g 850円）も行っています。一期一会の珈琲との出会いをご自宅でも楽しんでいただければ、とても嬉しいです

1.まったりできそうな店舗横の
テラス席　2.バニラビーンズ
とキルシュの風味を効かせて
しっかり焼き込んだコクのある
「ベークドチーズケーキ」。＋
400円で「アメリカーノ」がつ
く「デザートセット」に　3.12
時まで注文できる「モーニング
セット」（コーヒー・フルーツ
ジュース付 780円）。朝から
元気になりそう

TEL.0480-43-1220
幸手市緑台 1-26-23

【営業時間】10：00～19：00
（モーニング～12：00）
【定休日】水曜
【席数】18席
【アクセス】東武日光線「幸手」
東口から徒歩約17分　朝日自
動車・バス「幸手」から「杉戸高野
台」乗車、「大堰橋」下車、徒歩約
1分
【予約】可（電話のみ）
【駐車場】6台
【Instagram】@ffeeandco

【詳細情報】

おすすめメニュー
税込

● モーニングセット 780 円
● 本日のキッシュプレート
1230 円
● 季節のカンパーニュサン
ド 680 円
● 本日のデザート 530 円
● ブレンドコーヒー 480 円
● 本日のコーヒー 520 円
● エスプレッソ 420 円
● フレーバーラテ 580 円
● kid'sドリンク 350 円
など

LUNCH　PET　CARD　Pay 電子マネー スマホ決済　TAKEOUT　WiFi

食堂カフェ Laugh
しょくどうかふぇ ラフ

本格的な欧風料理と、味わい深い惣菜…
家庭的な雰囲気に、心もお腹も満たされるカフェ

2013年にオープンした家族が営むアットホームなカフェ「食堂カフェ Laugh」。「フレンチやイタリアンの技術は学びましたが、味は子どものころから食べている母の味がベース」とオーナーシェフの田中さん。

ランチはメイン3～4品と惣菜2～3品から選んで自分だけのランチプレートを作るスタイル。フレンチベースのメイン料理は息子の田中さん、和洋中の種類豊富な惣菜は母・和枝さんが担当。素材自体の味や香りを大切に調理し、食べ終わった後にすべての味や風味がバランスよく感じられる。

＜ Laugh ＝笑う ＞という店名通り、おいしい料理とアットホームな雰囲気に誘われて思わず笑顔になってしまう。

from cafe

2022年、敷地内にお惣菜屋【Sou】がオープン。惣菜や Laugh ドレッシング、自家製ピクルスなど。メニュー内容はインスタで(@ sou_osouzai)、お取置き予約は電話で(0480-53-5765)

1.2022年にリニューアルしたテラス席で「好きな惣菜3品＋メイン（スープ・ドリンク付）」（1800円）の自分スタイルのランチはいかが。300円で「本日の惣菜」を追加OK　2.一番人気の定番ケーキ！タルト生地とトロッとした口溶けの濃厚なチーズの味が絶妙な「チーズタルト」（650円）　3.敷地内に母・和枝さんのお惣菜「sou」がオープン！Laughのおふくろの味を気軽にテイクアウトできる

TEL.0480-53-5765
加須市北小浜816-1

【営業時間】11:30〜15:00
18:00〜21:00
【定休日】水曜（火曜ディナーのみ）
【席数】62席
【アクセス】東武伊勢崎線「加須」北口から徒歩約30分、タクシー約10分
【予約】可（電話のみ）
【駐車場】17台
【Instagram】@laugh0107

【詳細情報】

おすすめメニュー
税込

●ランチ
惣菜2品＋メイン＋ドリンク
1650円　惣菜3品＋ドリンク1200円
●木の実のタルト 650円
●プリンアラモード 550円
●白玉あずき 430円
●コーヒー 400円
●カフェオレ 600円
●自家製梅ジュース 650円
など

LUNCH　PET 予約制　CARD　Pay 電子マネー スマホ決済　TAKEOUT　WiFi

キドヤ
きどや

焼きたての天然酵母パンと
1滴ずつ抽出する自家焙煎珈琲、
見た目も味も美味な〈食〉を愉しむカフェ

from cafe

キドヤにはもう一つお
すすめがあります。店
内に置かれた本たちで
す。季節ごとにおすす
めの本をピックアップ
しています。1冊の本
から広がる世界を見つ
けてもらえると嬉しい
です

旧中山道を少し入ったところに、懐かしい雰囲気を醸し出す「キドヤ」の建物がある。店内に入ると、まず目につくのが自家製レーズン酵母の生地で作った天然酵母パンなどの焼きたてパンが並ぶショーケース。左のカウンターには、自家焙煎の珈琲豆が並ぶ。

「＜食べる＞に関わる全てのことに丁寧でありたい」と店主夫妻。その言葉通り、天然酵母パンとひと手間かけた野菜中心のおかずやスープなど、しみじみとした味わいの見た目も美しいランチがいただける。食後は、店主が入れる雑味やエグ味のない風味豊かな珈琲で食事の余韻を楽しみたい。ゆったりと＜食べる＞を楽しみたくなるカフェだ。

3.ポットに珈琲の雫が落ちるまでは、1滴ずつゆっくりと湯を注ぐ。さらに丁寧に湯を注ぎ、きめ細かな泡を作って珈琲豆の雑味を押し上げ、すっきりとした味わいの珈琲を抽出する

1.「自家製パンとサルサソースのチキンカツとズッキーニフライ」がメインの「ホンジツのおまかせランチ」(1200円)。この日のおかずはラタトゥイユ、冬瓜とにんじんのマリネ、カボチャのサラダなど6種と「自家製酵母パン」「バターナッツかぼちゃの豆乳ポタージュ」付。ランチドリンクで「自家製キビ糖南高梅シロップ」(450円)が100円引に　2.「イチジクと自家製あんこのロールケーキ」(650円)と「本日のサービス珈琲」(400円　セットで100円引)

TEL.0495-24-2213
本庄市千代田 3-1-23

【営業時間】11:00〜18:30
【定休日】木曜・日曜
【席数】12席
【アクセス】JR「本庄」北口から徒歩約18分
【予約】可(食事前提の予約のみ・電話のみ)
【駐車場】4台
【Instagram】@kidoyacafe

【詳細情報】

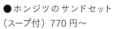
税込
おすすめメニュー

● ホンジツのサンドセット（スープ付）770円〜
● 季節の気まぐれロールケーキ 650円〜
● 本日の珈琲 500円
● 銘柄珈琲 550円〜
● 自家製きび糖辛ロジンジャーエール 500円
● 国産リンゴジュース 450円　など

 LUNCH PET CARD Pay 電子マネー スマホ決済 peypey のみ TAKEOUT WiFi

ジェラテリア HANA
じぇらてりあ ハナ

自然の恵み豊かなジェラードや
手作りピザ、ホットドックを
定峰山の中腹のテラスで味わう！

from cafe

「イニミニマニモ＝どれに
しようかな〜」という意味
の雑貨店も営業中です。北
欧雑貨、キッチン雑貨、手
作り作家さんの作品を中心
に、暮らしに彩りを与えて
くれそうな雑貨を揃えてい
ます。迷いながら、お気に
入りを見つけてくださいね

オリジナル生地をカリッと焼き上げたワッフルと自家製ジェラード「プラム・抹茶」のダブル
「ジェラード付焼きたてワッフル」（ダブルトッピング 1070円）。長瀞町・小林園の「無
農薬栽培の和紅茶」（550円）と一緒に（50円引き）

自然豊かな定峰山の中腹、少々不便な場所ながら「もう一度あの味を」とたくさんの人が訪れる「ジェラテリアHANA」。

まずは、低温殺菌の牛乳、秩父産中心のフルーツなどの厳選素材に甜菜糖を加え、空気を適度に含ませて作る濃厚でなめらかなジェラード。そして、イタリア人直伝の自家製生地で作るミラノ風ピザ、手作りのパンやソーセージで作るボリューミーなホットドッグ、ジェラードとの相性抜群の自家製生地のアメリカン・ワッフルなどなど。「毎朝、一生懸命作っています(笑)」と店主の小林さん。このカフェだからこそ食べられる至福の味を、ぜひ定峰山の自然豊かなテラス席で味わってほしい!

1.店主手作りの自家製パン、ハーブとスパイスが香るジューシーなソーセージを使った「リッチソーセージホットドッグ(コールスロー付)」(810円)にチーズ(60円)をトッピング!「HANAブレンドコーヒー(レギュラー)」(470円)は軽食と一緒で100円引きに 2.和モダンテイストの店内 3.定峰川を望む、秩父の自然を満喫できる大人気のテラス席

TEL.0494-25-2785
秩父市定峰 514-1
【営業時間】4月〜11月 8:00〜17:00 12月〜3月 10:00〜17:00
【定休日】木曜・金曜
【席数】36席
【アクセス】西武秩父線「西武秩父」またはJR秩父鉄道「秩父」からタクシー約20分、西武観光バス「定峰線・定峰」乗車、「定峰峠入口」下車、徒歩約10分
【予約】不可
【駐車場】10台
【Instagram】@hana_eeny.meeny.miny.mo

【詳細情報】

おすすめメニュー 税込
- ●自家製ジェラード シングル 420円〜
- ●しゃくし菜のピザ(コールスロー付)890円
- ●焼きたてワッフルジェラード付 820円〜
- ● HANA ブレンドコーヒー 470円〜
- ●カレルチャペック紅茶店のフレーバーティー 550円など

 LUNCH PET テラス席のみ CARD 電子マネー スマホ決済 TAKEOUT WiFi

STAFF

制作・編集
オフィスクーミン／佐藤公美

撮影
武田和秀

デザイン・DTP・地図製作
山口千尋

埼玉 カフェ時間 こだわりのお店案内

2023年10月30日　　　第1版・第1刷発行

著　者　　オフィスクーミン
発行者　　株式会社メイツユニバーサルコンテンツ
　　　　　代表者　大羽　孝志
　　　　　〒102-0093東京都千代田区平河町一丁目1-8
印　刷　　シナノ印刷株式会社

ご意見・ご感想はホームページから承っております。
ウェブサイト　https://www.mates-publishing.co.jp/

企画担当：千代　寧